El Arte de Dar y Recibir
La persona detrás del Violín

Samuel Vargas Teixeira

Columbus, GA. 2021

Vargas Teixeira, Samuel.
El Arte de Dar y Recibir. La Persona detrás del Violín/ Samuel Vargas Teixeira.
Columbus, GA., AMAZON, 2021.

1) Música; 2) Pedagogía musical; 3) Psicología-neurolingüística; 4) Sistematización de experiencias; 5) Ética y ontología de la música.

Editores
Armando González Segovia-Rosa Mujica Verasmendi

Corrección de textos:
Rosa Mujica Verasmendi
Armando González Segovia

Documentación
Alexis Vargas
Dalila Teixeira

Ilustraciones
Samuel Vargas Teixeira
Odalis Hernández
Fidias Vasquez

Fotografías
Juan Mogollón
Samuel Vargas

Modelos
Elena Kolbrek
Sebastián Cordeiro

Diseño
Odalis Hernández

Portada
Odalis Hernández

Dedicatoria

Por el cariño, afecto, dedicación y cuidado que mis padres me brindaron durante toda mi formación humana y artística, les dedico este libro. Con gran agradecimiento, este trabajo es para ustedes.

A todos mis alumnos y a la juventud que en el mundo musical se perfilan como educadores del mañana. Con amor, este trabajo es para ustedes.

.

Contenido

Dedicatoria iii
Contenido...v
Agradecimientos..vii

Introducción 1

Formación Pedagógica...3
  La pirámide de formación pedagógica...3
  La música como arte, lenguaje y ciencia 6
  Proceso evolutivo del violín 8
  Grandes Maestros luthieres del violín 10
    Partes del violin..12
    El arco 12
    Partes del arco 13
  Para seguir leyendo sobre los orígenes del violín:...14

De lo Teórico a lo Práctico Experiencial 15
  La mano derecha 18
    El agarre del arco 18
    Altura del codo con relación a cada cuerda 22
    División del arco en tres partes iguales..23
    Relajación natural del peso del arco 23
    El sonido, la materia prima del músico 24
    Los 5 puntos de contacto..26
    Colores y matices en los puntos de contacto 27
    Movimiento de traslación del arco hacia el puente con relación a cada
    cuerda..28
    Variables que inciden en el control permanente del sonido 29
  Golpes de arco 29
    Golpes de arco dentro de la cuerda con carácter expresivo 30
    Aprendizaje de la mecánica del arco a través del Detaché 31
    Del primer tercio al talón, región mitad inferior..31
    Del primer tercio al segundo tercio, región centro o mitad 31
    Del segundo tercio a la punta, región mitad superior 31
    Reducir los segmentos y unir los movimientos 32
    Centro-punta, centro-talón 32
    El pase de todo el arco 32
    Problemas – variables y soluciones (Legato)...33
    Problemas – variables y soluciones (Portato) 34
    Golpes de arco dentro de la cuerda con carácter rítmico 35
    Problemas – variables y soluciones (Martelé y Lance) 37

Golpes de arco fuera de la cuerda con carácter rítmico 37
Problemas – variables y soluciones (Spiccato Volante) 37
Problemas – variables y soluciones (Ricochet) 38
El problema – variables y soluciones (Sautille)....................................39
La mano izquierda del violín 39
Colocación de la mano izquierda en el violín.......................................40
Caída natural de los dedos 40
Estructura de la mano izquierda según la distancia y los intervalos.......41
Digitación, cambios de posición y extensiones 42
Cambios de posición..42
Glissandos...43
Problemas – variables y soluciones (Pizzicatos de mano Izquierda).......45
Problemas – variables y soluciones (Armónicos falsos).......................46
Para seguir leyendo sobre los aspectos técnicos de la ejecución del violín.......50

La persona detrás del Violín 51
El talento, ¿fantasía o realidad? ¿Cómo la indisciplina puede terminar con el
talento?...51
El fluir del conocimiento 52
Estudiar para tocar Vs. Estudiar para enseñar 54
El artista, la audiencia y el fenómeno creador 55
Las limitaciones del artista 59
La música como método de liberación espiritual 61
El arte de dar y recibir – Diagrama del concierto 62
Lo que el cuerpo calla..63
Éxito en el escenario, la lucha entre preparación y fortaleza mental........64
Diagrama del estudio efectivo 66
Del arco..67
De la mano izquierda 68
Ensayo mental..68
Convirtiéndome en el mejor maestro...70
Las crónicas de un proceso complejo y paradójico 70
El aprendizaje integrado 72
Los 3 saberes..73
El rol de las emociones en el proceso del aprendizaje musical 74
El manejo constructivo de la emoción 74
El estudiante reactivo Vs. El estudiante proactivo................................76
La rueda del desempeño 78
La técnica 79
La interpretación..79
La eficiencia..79
Funcionamiento y aplicación 80
Circuito del repertorio: El secreto de tener cada obra al alcance de tu mano.......84
¿Cómo aplicarlo? 85
Una mirada hacia el futuro 86

Referencias 91

El autor..93

Agradecimientos

A mi padre Alexis Vargas y a mi madre Dalila Teixeira por estar junto a mí durante esta travesía en todo momento. A mi querida Elena Kolbrek y Sebastián Cordeiro por formar parte del contenido expreso en este libro. A mi querido Erick Ramos por horas y horas de lectura en conjunto dedicadas a la revisión de contenido y a la búsqueda de simplicidad eficiente. A mis admirados y extraordinarios editores, Amando Gonzalez Segovia y Rosa Mujica quienes con paciencia, amor y dedicación estuvieron a mi lado por meses en la edición, revisión y corrección de esta obra maestra. A mi maestro y mentor Sergiu Schwartz por todas sus enseñanzas en mi proceso de autodescubrimiento y refinamiento. Al maestro Holger Baron por su calidad humana y recomendaciones artísticas para la optimización y actualización del contenido. Al maestro Roberto Zambrano por el legado pedagógico que formó parte de mis inicios en el mundo de la música clásica. A Carmen Pérez Montero, por ser inspiración desde una edad muy temprana para la escritura y lectura de literatura rica en humanismo, arte y filosofía. Al maestro Luis Miguel Gonzalez por ser pilar fundamental en mi formación violinística y artística durante mi desarrollo como solista y pedagogo. Finalmente, a mis estudiantes por ser el propósito de mi trabajo y sobre todo el ejemplo vivo de mi labor como maestro.

Introducción

La música es para mí, una de las representaciones más sublimes del ser humano. Es la única que combina los sentimientos más profundos del alma y los transforma en un lenguaje complejo, cargado de mensajes, vivencias, experiencias e ideales, que luego son trasladados a un instrumento, el cual es capaz de llevar a través de los sonidos un sinfín de sensaciones que traspasan las barreras del entendimiento, dejando al desnudo el corazón.

Aquello que se distingue se logra por lo que no se puede percibir, por ello la música es una forma de tocar el alma de los seres humanos por medio de los instrumentos musicales, como don Divino. Ahí está quien lo ejecuta. Sin que se vean, permanecen las herencias familiares, los maestros y la expresión depurada de la constancia de años de práctica.

Es la música y la combinación genuina de los sonidos la que persigue llegar al cielo, y rasgar un poco de las nubes donde Dios hizo de este mundo un comienzo, es el propio sonido palpitante del corazón el que da razón de vida en el sentir humano.

El texto «El Arte de Dar y Recibir. La Persona detrás del Violín», parte de la experiencia, desde los años de estudiante hasta asumir la enseñanza del violín como ejercicio profesional para la formación de generaciones de futuros músicos. En esta investigación, se hace una síntesis constructiva, que inicia con el Diario o Bitácora del artista, en el cual se lleva registro de los avances cotidianos, de ideas y propuestas; así como la construcción de elementos que toman improntas de nuestros maestros, y los avances que con base en sus enseñanzas pudimos lograr.

En ello, resulta substancialmente importante, la caracterización individual de cada estudiante. De sus potencialidades, de sus debilidades. Entendiendo que cada estudiante es particularmente diferente. No es lo mismo, por ejemplo, un estudiante que tenga la condición de hiperflexibilidad en las manos, que uno que no lo tenga, el primero tendrá facilidades para unos ejercicios que los segundos no poseerán.

La música es una de las expresiones más sublimes del ser humano en cuanto permite la relación con el cosmos y el Poder Superior, según cada quien lo conciba. La primera parte del libro aborda la «Formación Pedagógica» brindando las bases de la construcción metodológica que conforman la enseñanza integral del violín, viajando desde los orígenes históricos-musicales hasta el establecimiento de técnicas para el aprendizaje holístico. En la segunda «De lo Teórico a lo Práctico Experiencial» se sistematiza toda su vida artística y las formas como ha podido obtener resultados positivos, solventar situaciones, afrontar las crisis así como problemas técnicos y musicales de forma puntual y efectiva. La tercera parte enfoca «La Persona detrás de la Música», donde concreta lo fundamental de afrontar los miedos que muchas veces embargan al estudiante, partiendo de sus experiencias de aprendizaje y enseñanza violinística, conjugando elementos de la neurolingüística y la psicología.

En síntesis, la obra expresa cómo los instrumentos musicales al ejecutarse desde la comprensión filosófica de la vida y las teorías musicales, permiten resultados sublimes y extraordinarios, a través de la práctica disciplinada. Este libro, sin lugar a dudas, debe ser leído por todas aquellas personas que se interesen en el arte del violín e incluso, quienes deseen apropiarse de una guía para reflexionar sobre su práctica profesional desde una ética para la vida.

Para el músico que entrega su ser al arte, los sonidos son la materia prima con la que cultiva y cosecha el fruto de su existir, así como lo es el lienzo para el pintor, el cuerpo para el bailarín, la inspiración para el poeta y el cincel y la piedra para el escultor, son todas esas herramientas, las que facilitan la expresión más extraordinaria que proviene del ser.

Samuel Vargas Teixeira

Formación Pedagógica

La pirámide de formación pedagógica

Es una pirámide de tres puntas que contiene en sí misma los elementos teóricos, prácticos y filosóficos del aprendizaje y la enseñanza musical, representada por un triángulo equilátero. Es más que una figura plana o una herramienta de aprendizaje. No existe un orden específico que defina esta pirámide puesto que, por ser equilátera y geométricamente indestructible, en su conjunto fomenta la realidad tridimensional de todo aquello que se encuentra inmerso en la vida y en particular en la música. A su vez, cada lado manifiesta que deben ser ponderadas en igual manera: Sin una apropiada filosofía de los principios del por qué y para qué, sin la comprensión **teórica** de lo que se quiere, y sin una **práctica** acorde con lo que se establece desde lo **filosófico**, no existe la armonía que simboliza lo equilátero del triángulo.

Teórico (Teoría): La base teórica posee la carga informativa, puesto que como término adquiere un sentido intelectual, dándole explicación a las cosas que ocurren, expresando mediante conceptos y el lenguaje de las palabras, el ¿por qué? de las cosas. Cabe destacar que la ciencia se constituye, y sobre todo se construye a través de la formulación de teorías que, le dan valor a la verdad y a la realidad de las cosas en su ámbito explicativo, es por ello que resulta de suma relevancia el definir y no sólo identificar todo lo que se ve y se hace.

La música es un arte lleno de conceptos teóricos, de sucesos, de relatos, de experiencias y emociones, que están escritas y sustentadas a su vez por normas y tratados musicales que permiten darle ese toque estructural y objetivo.

Práctico (Práctica): Representa la acción que se desarrolla con la aplicación de ciertos conocimientos adquiridos.

Ejemplo: «*Tengo todos los conocimientos teóricos necesarios, pero aún no he logrado llevarlos a la práctica con éxito*».

La práctica también es un ejercicio de rutina que se realiza bajo una estructura de reglas, sujetas a la dirección de un maestro o profesor, de manera presencial, virtual o híbrida, con la finalidad de alcanzar un mejor desempeño. No existe ninguna disciplina, arte o ciencia creada por el ser humano que no se beneficie de la práctica. En primer lugar, cabe mencionar, que no se trata de una constante repetición de ejercicios sin sentido o rumbo alguno, sino de un entrenamiento realizado a consciencia, con cierto grado de organización y con la perseverancia necesaria para no dejarse vencer por los desaciertos.

Este entrenamiento consciente y sistemático, es lo que se denomina método, el cual consiste en una forma particular de ejecución de una actividad determinada. A través de la práctica no solamente se refuerza lo aprendido, sino que se descubren nuevos conceptos, muchos de ellos reveladores para el estudiante, que sin lugar a dudas son imposibles de hallar mediante el estudio específico de la teoría. Es decir, la práctica posibilita re-escribir y re-plantear la teoría desde otras perspectivas y realidades específicas.

Filosófico (Filosofía): Es una ciencia originada en Grecia que tiene como misión formular preguntas por el sólo deseo de saber, con el propósito de obtener un mayor conocimiento, es decir, la búsqueda del conocimiento, por el conocimiento en sí mismo. Etimológicamente, la definición de filosofía está formada por dos antiguas palabras griegas *«philos»* cuyo significado es *«amor»*, y *«sophia»* que quiere decir *«sabiduría»* por lo tanto la filosofía es, sencillamente, el amor a la sabiduría y al conocimiento. La filosofía existe desde que el ser humano empezó a reflexionar sobre sí mismo y las sociedades donde vive.

Tradicionalmente se asocian los orígenes de la música con aspectos filosóficos, siendo que fue Pitágoras en el S. VI A.C quien elaboró una concepción musical que le llevó a entender la escala musical como un elemento estructural del Cosmos, dándole a este arte un sentido científico, teórico, filosófico y metafísico.

Desde mi sentir, siempre he percibido la filosofía de la música como el deseo de seguir hacia adelante, de luchar por un propósito, de superarse a sí mismo, llamados por una emoción que nos motiva a buscar esa respuesta oculta que no podemos ver aún, a pesar de saber el concepto y pudiendo tocarlo en nuestro instrumento, es algo que no se puede palpar, mirar, oler, degustar, u oír. Es tan profundo y sublime hablar de la filosofía de la vida de un violinista que la única analogía que consigo que puede describir esta sensación es: El espectro infinito del amor. Finalmente, lo filosófico se muestra como una especie de destello que encaja en la búsqueda interpretativa y musical de eso que hacemos y trasmitimos desde el instrumento, lo cual permite alcanzar nuevos niveles ontológicos y éticos.

Para una persona que asuma el arte como principio de vida, encontrará en éste el preludio para comprender los elementos más sublimes de la vida: ternura, alegrías, nostalgias y, tristezas, serán expresadas y consustanciadas a través de ella. En mi caso, se encaminó por la música como expresión sonora que permite tocar los sentimientos más nobles que puede expresar el ser humano. Por ello, es en esencia un proceso de filosofía profunda en cuanto es consustancial al ser, como enunció Aristóteles «la música expresa los movimientos del alma».

La música como arte, lenguaje y ciencia

E l Arte: La noción del arte está sujeta a profundas disputas, debido a que su definición está abierta a múltiples interpretaciones, que varían según la cultura, la época, el movimiento o la sociedad a la cual es sometido el término. Se entiende como arte, cualquier actividad realizada por el ser humano que tenga como principio la creación de una obra comunicativa, mediante la cual se expresen ideas, emociones, sensaciones o un sinfín de significantes. El arte es, fundamentalmente, la construcción de elementos simbólicos determinados. Pudiéndose entender como significante, aquello que de toda la obra artística llama la atención o impacta al espectador, este mismo tendrá un significado particular, específico, propio, único, y especial para cada individuo que lo percibe.

Tomás de Aquino «*El arte es aquello que establece sus propias reglas*».

Schiller «*El arte es estilo*».

Max Dvorak «*El arte es expresión de la sociedad*».

John Ruskin «*El arte es la libertad del genio*».

Adolf Loos «El arte es la idea».

Yehudi Menuhin «La música es el reflejo de lo mejor que hay en todos nosotros, de eso a lo que llamamos humanidad».

El lenguaje: Del latín lingua, es un sistema organizado de comunicación, que posee características en común, entre el hombre y sus semejantes, para expresar sus experiencias, sentimientos, ideas, deseos y emociones mediante el uso de símbolos, señales, sonidos y demás recursos que puedan ser captados por los órganos de los sentidos.

En la música, el lenguaje está cargado de contenido expresivo, que va dirigido específicamente a los sentidos del ser humano. El lenguaje hecho arte, es más expresivo y comunicativo que la misma lengua; y podría tener más significados que la escritura y el habla.

La música como lenguaje informativo y de entretenimiento posee tanto poder de transmisión, que en la actualidad es utilizado en casi todos los medios de comunicación.

La música como lenguaje informativo y de entretenimiento posee tanto poder de transmisión, que en la actualidad es utilizado en casi todos los medios de comunicación.

- En la radio: Con el uso de ráfagas.

- En las películas: Como fondo musical Soundtrack.

- En el ascensor: Como música instrumental o vocal, que evoca la tranquilidad mientras se espera la llegada.

- En el celular: Con ring tones, como medio de aviso o alerta, que comunica de manera sensorial al oído la llegada de un mensaje, llamada o notificación.

La ciencia: Desde los orígenes de la humanidad nuestra especie ha perseguido afanosamente el conocimiento, intentando catalogarlo y definirlo, utilizando para ello conceptos claros y bien diferenciables entre sí. En la antigua Grecia, los estudiosos decidieron establecer una concepción que permitiera englobar los conocimientos, esta fue: la ciencia.

Se denomina ciencia al conjunto de métodos y técnicas que se utilizan sistemáticamente para alcanzar algún conocimiento, siendo ésta la información que se obtiene por medio de la experiencia, la introspección y la enseñanza.

La música como ciencia no es más que la sustentación lógica de los conceptos, el lenguaje y los resultados de la acción que los produce, todo esto fundamentado por aspectos de índole lógica, matemática y física.

Proceso evolutivo del violín

La evolución es uno de los fenómenos más increíbles de la naturaleza universal, para mí, particularmente, es sinónimo de cambio, de crecimiento, de mejoras. Es el intento inconsciente de alcanzar un objetivo específico por el bien común de un colectivo, a través de los años.

Así como en la Edad Media el sueño del alquimista era encontrar la forma de transmutar el plomo en oro. Para los músicos, durante mucho tiempo el ideal fue la creación de un instrumento que fuese capaz de cantar como la voz humana. ¡Por fin las cuerdas podían ser friccionadas y no solo punteadas o percutidas! La cuerda con arco es uno de los descubrimientos más singulares del hombre. Quizás nos llegó de Persia o China, hace más de mil años, pero como el tambor, está tan difundida que su origen no puede distinguirse o precisarse.

El violín es uno de los pocos instrumentos que no le debe su nacimiento a un sólo hombre, o a la fama y el prestigio de un único país o continente, es un instrumento que, como la voz, le pertenece al mundo entero, surgió sin convenio alguno en varias partes del mundo, desde la Edad Antigua, con diversas formas, nombres, materiales y usos. Durante muchos años fue el acompañante de alabanzas, ritos, cantos y bailes en tribus, etnias y sociedades prehistóricas, formando parte de la música tradicional indígena y finalmente evocando el contacto con lo real, lo simbólico y lo imaginario.

Como bien se puede notar, es imposible establecer con exactitud cuál fue el antecesor del violín y si éste es de origen europeo u oriental. Sin embargo, de acuerdo con Oscar Carreras y su libro *Apuntes sobre el Arte Violinístico*, existen dos hipótesis que han demostrado ser las más probables.

La primera plantea que los antecesores del violín y en general de casi todos los instrumentos de arco, fueron los siguientes instrumentos primitivos:

El *nefer egipcio*, instrumento de cuerdas, de extensión no muy grande que tenía el dorso combado.

El *ravanastron hindú*, usado en la India en tiempos muy remotos y aún utilizados en la música folklórica de ese país. Estaba formado por una caña gruesa de bambú y una piel de serpiente, teñida sobre una de sus aberturas, normalmente poseía dos cuerdas, pero posteriormente utilizó sólo una, de tripa, apoyada sobre una especie de pequeño puente la cual era frotada por un arco de bambú.

La *lira griega*, construida con un caparazón de tortuga, tenía dos brazos y una pieza transversal que hacía la función de tiradera.

El *rebab árabe*, de forma trapezoidal y con el reverso plano, de pergamino; tiene una, dos o tres cuerdas y fue introducido en España por los moros en el siglo VIII. Los árabes llaman al rebab de dos cuerdas «de los cantores» y «rebab de los poetas», al de una cuerda. Éste último se denominaba de esa forma, ya que no permitía que los recitadores o improvisadores se salieran del tono. Se toca como el violoncello actual, apoyándose en el suelo con una pica de hierro.

El *cruth*, este instrumento data del siglo VI. Su función era la de acompañar los cantos, religiosos o profanos. La caja de resonancia estaba unida por aros sin curvaturas laterales, en su parte superior tenía dos aberturas, por donde el instrumentista introducía los dedos de la mano izquierda para apretar las tres cuerdas. Una característica de este instrumento es que su puente era plano, lo que impedía tocar sus cuerdas por separado, por lo que sonaban conjuntamente.

La *rotta,* instrumento también derivado del *cruth*, tenía un fondo plano y cuatro cuerdas afinadas por quintas (la-re-sol-do), la misma afinación del violoncello y la viola actual. Se tocaba apoyándolo en las rodillas.

La segunda hipótesis, que es la más difundida, explica que los instrumentos con arco se conformaron a partir de un antecesor común, el *fidel*. Se dice que nació en Eslovaquia Sur, siendo más tarde conocido en otros países de Europa. Su forma cambió a través del tiempo, pero la más usual era parecida al cuerpo de la guitarra, cabeza chata, clavijas perpendiculares y cinco cuerdas.

Según esta hipótesis, la formación de la familia de los violines fue el resultado de la asimilación del propio *fidel* con dos instrumentos diferentes: el *rebek*, uno de los instrumentos más populares en la Edad Media y la *lira griega*.

El violín, como lo conocemos en la actualidad se creó en Italia a finales del siglo XV. Éste pudo haber tomado su forma de las Liras, el Fidel y el Rebek, así como también su digitación, posición de ejecución y forma de pasar el arco, aunque en otros aspectos posee características definidas como su afinación y amplio vigor interpretativo procedente de los rabeles.

Como los rabeles de la época, estos primeros violines se utilizaban en las tabernas y en la música danzable, momento en que, sin lugar a dudas, no había ocasión para exhibir una técnica sofisticada o un virtuosismo exuberante. Pero la música danzable del renacimiento, cubre una amplia variedad de composiciones, desde lo popular a lo cortesano y fue precisamente su utilización en las fiestas cortesanas lo que, posiblemente, le permitió al violín adentrarse en la sociedad.

Las orquestas mixtas y de gran colorido que acompañaban a los ballets, las mascaradas y los interludios que se celebraban en las cortes a finales del renacimiento, incluían violines, entre otros muchos instrumentos. Ya en el barroco ocuparon el papel de instrumento principal de la orquesta, que luego se convirtió en habitual y que no ha cambiado básicamente desde entonces.

Aún después de esta maravillosa invención, y la creación de agrupaciones medievales de violas, la búsqueda prosiguió, pues el tono de esos instrumentos de arco primitivos era amable, pero áspero y algo opaco.

Se necesitaba mayor brillantez para hacerse oír entre las charlas, el bullicio de los grandes banquetes y los golpeteos de los bailarines con sus pies contra el suelo.

Grandes Maestros luthieres del violín

Gasparo Da Salo, Giovanni Maggini y Andrea Amati, fueron los primeros exponentes de un nuevo instrumento que superaba en potencia y pureza tonal a los demás instrumentos de arco de la época. Es inútil preguntarse quién de los dos inventó el violín que se asemeja al que conocemos en la actualidad. Sin embargo, dichos luthieres aplicaron todas sus destrezas y talentos en el manejo de la madera y los barnices, en pro de un mejor modelo.

Andrea Amati y toda su descendencia continuaron con la labor de construcción de violines. Es por ello que existen muchos instrumentos con el nombre de Amati y pocos con el de Da Salo. Los instrumentos Amati alcanzaron un prestigio tan alto que aún a finales del siglo XVIII seguían siendo los más apreciados y populares en la sociedad, junto a los del famoso constructor tirolés ***Jacobus Stainer***.

Johann Sebastián Bach tocaba un violín Stainer pese a que Stradivari fabricaba sus inigualables instrumentos en la misma época. Tal parece que los Amati eran preferidos por las orquestas y agrupaciones de cámara mientras que los Stainer permitían el mayor lucimiento de los solistas. Durante este proceso evolutivo del violín, también participaron dos grandes artistas que construyeron los mejores violines que hayan existido: Antonio Stradivari y Bartolomeo Giuseppe Guarneri del Gesu.

Stradivari fabricó más de mil violines con sus propias manos, así como muchas violas, violonchelos y contrabajos. El más antiguo que se conserva lleva la fecha de 1666. Para entonces, con 27 años de edad, aún era aprendiz de Nicola Amati. El último está fechado en 1737, cuando fallece a la edad de 93 años.

Guarneri del Gesu, esta dinastía fue fundada por Andrea Guarneri en 1626, abuelo del famoso constructor Giuseppe Guarneri del Gesu. A la edad de diez años ya era aprendiz de Nicola Amati. Cuando Antonio Stradivari llegó al taller de Amati, Guarneri estaba acreditado como maestro de ese arte por sus propios méritos. Su hijo también fue un buen constructor, pero es más conocido por haber sido el padre de Giuseppe Guarneri quien nació en agosto de 1698, pocos meses después de la muerte de su abuelo Andrea. Éste fue aprendiz de su padre; pero se independizó a temprana edad para seguir su propio camino, el cual incluía mujeres, lujos y vinos.

La calidad de su trabajo denota grandes variaciones durante esos años. No mantuvo la impecable norma de calidad de Stradivari. Muchos de sus violines muestran notable descuido, pero siempre revelan genialidad, pues cada uno de ellos posee su propio carácter. Aunque sus medidas y acabados no son simétricos y carecen de gracia, acústicamente el equilibrio es ideal y el sonido es extraordinario.

Guarneri del Gesu falleció en 1744, un año después que el segundo hijo de Stradivari. Del Gesu quizás fue tan exuberante y descuidado en su vida como poco convencional en su trabajo, sus logros se aprecian con el oído, denotando lo magnífico de sus instrumentos. Con ellos se fue la gloria de Cremona. Los cinco mejores fabricantes de violines de esa época desaparecieron en menos de un decenio, llevándose consigo todos los secretos de su arte, la composición del barniz, la maduración del instrumento y el acabado de la madera.

En la actualidad existen grandes *Luthieres* en todas partes del mundo, que continúan con el trabajo, así como también importantes empresas que por medio de máquinas y el hombre fabrican violines en serie, en masas, formando así parte de la cultura moderna y ampliando las posibilidades lucrativas y artísticas para los músicos que se desempeñan con este instrumento.

Partes del violin

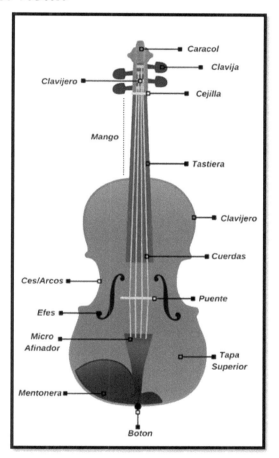

El arco

El arco, alrededor del siglo XV, tenía una forma muy similar a la del arma del mismo nombre (de allí su denominación). La tensión de las cerdas se obtenía oprimiéndolas con el pulgar contra la varilla o interponiendo los dedos entre ésta y las cerdas. Los arcos pre barrocos son de todas las formas y tamaños; los barrocos tienen un arqueamiento variable, aunque se trata generalmente de una ligera inclinación hacia afuera, favoreciendo así la articulación característica de la música de ese período.

Un arco es una vara de madera moderadamente flexible, tallada, para que lateralmente, sea de una perfecta rectitud y longitudinalmente de la resistencia necesaria. Siendo incorporado posteriormente por Giuseppe Tartini (1692-1770) en su diseño moderno, un ligero arqueamiento hacia adentro de forma logarítmica y adoptando la forma octogonal en el talón. Entre los dos extremos del arco se extienden varios centenares de cerdas de cola de caballo (o de un material sintético), que se hayan sujetas a una tensión que puede aflojarse o modificarse por medio de un tornillo, unido a un pequeño cilindro. Como se ha mencionado, fue introducido a finales del siglo XVII. Fue Francisco Tourte (1747-1835) quien lo desarrolló hasta su estado actual, siguiendo las indicaciones de Giovanni Battista Viotti (1755-1824). Tourte, después de muchas pruebas efectuadas con distintas clases de maderas, optó por el *Pernambuco de Brasil,* puesto que sus condiciones le brindaban flexibilidad y resistencia.

Las cerdas son ásperas por naturaleza y esta aspereza se aumenta si se frotan con una buena resina; aquellas tiran de la cuerda lateralmente hasta que su tensión supera a la fricción, haciéndolas rebotar para más tarde regresar a su estado de reposo, esta rápida oscilación de tirar y recuperar, es, en suma, la continuidad que excita a la cuerda causando vibraciones periódicas.

El arco ejerce sobre el arte de tocar instrumentos de cuerda frotada, una acción más importante de lo que generalmente se cree, y en especial sobre el violín, puesto que necesita más tacto y minuciosidad que ningún otro instrumento de la familia de las cuerdas. Es por esto que la mayoría de las dificultades y problemas técnicos radican en la incorrecta utilización del mismo.

Partes del arco

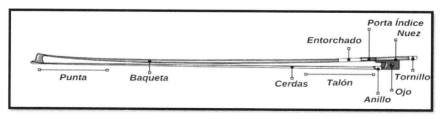

En esta parte, se abordan los fundamentos educativos a partir de la Pirámide de Formación Pedagógica, donde se explica la definición de música, desde la integralidad de la filosofía, teoría y práctica, como propuesta principal de esta obra. Así como lo relativo a la historia del violín como instrumento, desconocida por muchos estudiantes, cuyo significado debe entenderse como aspecto importante de la formación violinística. De igual forma se describe morfológicamente el instrumento en cada una de sus partes, aunado a los conceptos básicos de la música para su ejecución. De esta manera, el artista integral va construyendo su perfil, su identidad, en el sutil equilibrio entre lo que se sabe, se hace y se siente. El ser artista, más que un concepto de ejecución impecable de un instrumento, es la posibilidad de expresar los sentimientos más nobles de los seres humanos, consustanciados con la naturaleza y el cosmos.

Para seguir leyendo sobre los orígenes del violín:

- **Apuntes sobre el arte violinístico**, Oscar Carreras.
- **La Música del Hombre**, Yehudi Menuhin.
- **La Música y sus Instrumentos**, Robert Domington.

De lo Teórico a lo Práctico Experiencial

Como todo proceso físico del cuerpo humano, la toma del instrumento debe ser lo más natural posible, aun sabiendo que el sólo hecho de ubicar un cuerpo externo sobre el nuestro ya **no** es una acción natural. Parece casi dogmático que al tomar el violín es necesario buscar un punto de apoyo y/o equilibrio del cuerpo sobre las dos piernas, que nos permitan un ligero balanceo, de manera que prevalezca la relajación sobre la tensión o la rigidez.

Para hablar de la colocación del instrumento, así como la ejecución del mismo, hay que tener en cuenta que éste se posiciona sobre la clavícula izquierda cuando no se usa soporte u hombrera. Al levantar el violín con el brazo, el hombro quedará, naturalmente, alineado y en simetría con su homólogo, posteriormente se procede a girar levemente la cabeza hacia la izquierda, de manera tal que, al relajarla sobre la mentonera del violín, la barbilla y la clavícula, cumplan la función de soporte para el mismo. La mano izquierda queda totalmente liberada a la altura del mango del instrumento y el hombro tiene total movilidad hacia adelante y hacia atrás, al igual que hacia arriba y hacia abajo.

Ejemplo del **agarre del violín** sin el uso de soporte, almohadilla u hombrera.

Cuando se hace uso de la hombrera, el violín reposa sobre la hombrera y la hombrera sobre el hombro, lo que crea una plataforma casi inmóvil que llena el espacio entre la tapa inferior del violín y el hombro.

Colocar el violín muy hacia atrás o muy hacia delante son posturas que inciden y perjudican la ejecución del instrumento, y que además causan tensiones innecesarias en los brazos, la espalda y el cuello.

Es necesario mantener el cuerpo erguido y el violín ligeramente por encima de los hombros. Una buena referencia para obtener la altura correcta, es aquella donde el caracol del instrumento describe una línea imaginaria hacia la nariz del ejecutante.

La línea imaginaria que describe el caracol, pasando por el puente y llegando a la nariz, es el mejor ejemplo de una colocación correcta del violín y una postura balanceada en relación a la espalda.

Debemos evitar recostar la cabeza sobre el violín, adoptar posturas encorvadas o contrarias a las que se enseña. Aunque estas consideraciones no son reglas tan precisas, es importante recordar que la finalidad del agarre del instrumento, consiste en buscar una posición cómoda y natural en función de la anatomía del o la estudiante.

La **figura anterior** muestra una **forma incorrecta** del agarre del

Aun cuando parece una posición muy cómoda y solemos sentirnos muy bien, la colocación de la cabeza recostada sobre la mentonera es contraproducente para la correcta postura del violín. Así mismo, esta posición crea una híper extensión en el lado derecho del cuello que puede terminar en una lamentable lesión muscular.

violín.

Es común observar practicantes adoptando posiciones incorrectas, quienes afirman sentirse cómodos con ellas, pero es de suma importancia recalcar en su enseñanza que la postura del instrumento tiene una razón de ser, y que, de no ser cumplida, se verían afectados su desarrollo y rendimiento en los ámbitos de la técnica violinística.

La mano derecha

El agarre del arco

La posición al tomar el arco debe ser la más natural, cómoda y relajada posible. Para lograr esto se recurrirá a la siguiente figura, la cual explicará la función y colocación de cada uno de los dedos.

Pulgar e índice: Mejor conocidos como la pinza de agarre del arco, son los encargados de producir el movimiento de pronación y supinación del arco (rotar hacia afuera - rotar hacia adentro).

Medio y anular: Estos dos dedos tienen la responsabilidad de ser el timón del arco. Su función consiste en mantener la dirección del arco sobre la cuerda.

Meñique: Actúa como el contrapeso del arco, manteniendo el equilibrio desde el talón hasta la punta.

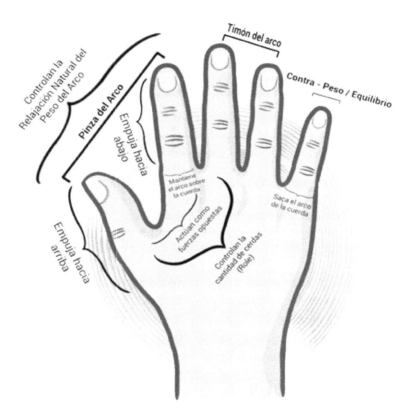

La combinación de los dedos es de vital importancia en el funcionamiento del arco, ya que en conjunto y correctamente colocados, permiten la eficacia del movimiento.

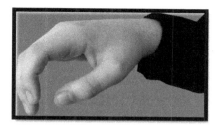

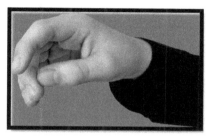

Para entender un poco más sobre el agarre del arco se le puede solicitar al estudiante que tome un vaso con su mano derecha de forma horizontal. La figura redondeada que adopta la mano al sostener el vaso es muy similar a la que se obtiene al agarrar el arco. Posteriormente se le quita el vaso, dejando la mano en la posición resultante como si continuara sosteniendo el vaso (fig. No.1). Se le indica que debe llevar su pulgar a la mitad de la segunda falange del dedo medio de manera relajada, dibujando un pequeño círculo que se trasladará

Como podemos apreciar en ambas imágenes, la relajación de los dedos al igual que la de la mano es casi absoluta, es por ello que se hace imperativo insistir en la creación de una consciencia física desde una edad temprana en la formación de nuestros estudiantes.

El borde derecho de la yema del dedo pulgar debe hacer contacto con la nuez y la baqueta. Los demás dedos se posarán, naturalmente, de tal manera que el dedo medio reconstruya el círculo que se formó anteriormente, posando su yema sobre el anillo. El anular deberá estar a su lado a la misma altura, de tal forma que se encuentre cercano al ojo de la nuez. El dedo índice se apoyará, haciendo contacto con la baqueta, en la mitad de la segunda falange, lugar donde éste ejercerá el mejor efecto de palanca en combinación con el dedo pulgar. El meñique colocará su yema sobre la séptima vértice de la baqueta, permitiéndole plegarse y estirarse libremente, logrando así el balance del peso en el arco.

La posición correcta del dedo pulgar obligará a los nudillos a bajar a la altura de la muñeca, redondeando los dedos, es aquí donde éstos se convertirán en el eje del soporte del arco. Toda la mano y dedos funcionarán a manera de resorte, amortiguando y distribuyendo el peso. del arco, el brazo y la mano.

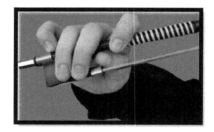
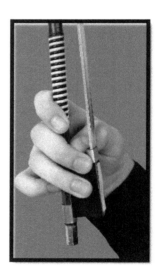

Mi maestro solía decirme que los dedos de la mano derecha en unión con la muñeca son como un muelle a la orilla del mar, con el oleaje el muelle siempre se elevará o descenderá simultáneamente con el agua. Esta maravillosa analogía me permitió entender que el desplazamiento de mi arco era el resultado del correcto equilibrio y mecánica de ese muelle (dedos y muñeca), así comprendí que el desempeño de mis dedos no sólo se limitaba a tomar o agarrar el arco, sino que también ejercían el control de todo aquello que el violín emitiese en materia sonora.

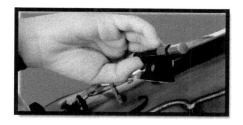

Vista inferior del agarre del arco durante su colocación sobre la cuerda.
A mi parecer, la adaptación del estudiante, el aprendizaje y uso del arco, constituyen uno de los objetivos principales de la técnica

§ *Todo esto debe ser cuidadosamente supervisado al comienzo del estudio, para que luego el estudiante de acuerdo a su instinto y naturaleza física, adopte su propia posición, siempre bajo un orden sistematizado.*

§ *Una vez fijada la posición y asimilada de manera consciente, se procederá a colocar el arco sobre las cuerdas para iniciar a la o el violinista en la formación de la dinámica del pase del arco.*

Altura del codo con relación a cada cuerda

Si partimos del principio de que esta relación se da cuando colocamos el centro del arco sobre las cuerdas, el brazo, el antebrazo, la muñeca, el hombro y los dedos, actúan como una unidad, modificando la altura según la cuerda en la que estemos posicionados.

Antes de usar el arco en su totalidad, desde el talón hasta la punta, debemos dividirlo en segmentos o regiones que nos permitan entender en forma gradual y progresiva los movimientos que realiza la unidad (brazo, codo, antebrazo, muñeca, mano y dedos).

División del arco en tres partes iguales

Regiones que se producen por el corte de estos segmentos:

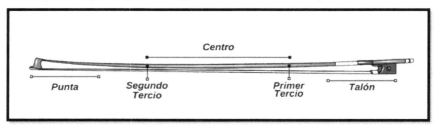

Relajación natural del peso del arco

Un arco 4/4 es de unos 74 cm de largo y posee una cinta de 100 a 120 crines o según otras fuentes de 200 a 250 crines de cola de caballo o material sintético de unos 70 cm de longitud. La conformación del arco desde la perspectiva física, posee un regulador cerrando del talón a la punta. Su talón está conformado por: un fragmento de la baqueta, la nuez, el tornillo, el anillo, y el entorchado que se prolonga unos centímetros después del porta índice, que puede ser elaborado de materiales como hilo de plata, oro, bronce, cobre o acrílicos. Es por ello que ésta sugiere ser la zona más pesada del arco aunada al peso natural de la unidad que lo sostiene (hombro, brazo, codo, antebrazo, muñeca, mano y dedos). Mientras que, de la mitad a la punta, el arco se conforma únicamente por la baqueta y las cerdas. Por poseer menos elementos, su peso es considerablemente menor al que tiene el talón, explicando así la disminución natural de la intensidad del talón a la punta.

Esta disminución natural del sonido, debe ser compensada por el peso o la fuerza aplicada que ejerce el dedo índice con relación al pulgar, cuando se desplaza el arco sobre la cuerda. El dedo índice y el pulgar tienen como función principal mantener la intensidad del sonido desde el talón hasta la punta y viceversa.

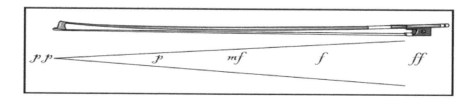

El sonido, la materia prima del músico

En nuestro mundo y en la vida cotidiana donde se origina el sonido, existe una energía extraordinariamente expandible denominada: **vibración.**

No toda *vibración* es una fuente de sonido, sólo aquellas que reúnen características muy determinadas y concretas lo son. En nuestro entorno existen vibraciones que no son consideradas sonidos, sino comúnmente conocidas como ruidos. En materia violinística, el ruido es todo sonido indeseado que se produce por un mal manejo de nuestro arco.

Para que el sonido sea claro, puro y constante, el manejo del arco debe poseer una íntima y consciente relación con 3 factores físicos: *el peso, la velocidad y el punto de contacto.*

Peso: Se denomina peso a la energía que se comunica al arco y que se le imprime a las cuerdas del violín, cuando este (el arco) se presiona sobre ellas.

Proviene de:

El peso natural de la mano, antebrazo y brazo, trasmitidos básicamente a través de toda la mano en un completo estado de relajación.

El peso propio del arco.

La energía aplicada por el dedo índice sobre la baqueta.

Velocidad: Se define como la rapidez con la que el arco se desplaza sobre las cuerdas del violín. Entre el peso y la velocidad del arco debe existir una correspondencia, que permita un efecto que mantenga constante la producción del sonido, de tal forma que al unir estos dos elementos se obtenga como resultado la distribución cuasi matemática y equitativa del arco. Sin embargo, la distribución del arco está íntimamente relacionada con los elementos expresivos de la interpretación, de tal forma que este desplazamiento es sumamente lógico con relación a la duración, los matices y el carácter. La ejecución desordenada de esta acción, trae como consecuencia la interpretación de acentos falsos y en oportunidades, la pérdida del control del arco.

Punto de contacto: Se llama punto de contacto al lugar donde las cerdas frotan las cuerdas del violín, produciendo como resultado la emisión de un sonido con una intensidad y color tímbrico específico.

Si bien, estos son los elementos físicos que podemos conceptualizar y aplicar de manera erudita, me pregunto qué sucede entonces con aquello que deberíamos escuchar y sentir. Por este motivo afirmo que «el oído es el maestro que percibe y, a su vez, guía el acabado del sonido». Manejar los conceptos teóricos resulta estéril si somos sordos en la práctica, a veces el intelecto bloquea a la mente privándola de sentir y comprender lo que sucede, si esto es opuesto a lo que está preconcebido en la mente.

Ejemplo: «Sólo puedo tocar piano si estoy sobre la tastiera y en la punta del arco», «sólo alcanzaré la excelencia si llego a tener un Stradivarius». Estas son creencias limitantes preinstaladas en nuestra mente, que afectan nuestro crecimiento y desempeño. Por el contrario, hacer uso de la experimentación y la práctica intencional, garantiza la total exploración de las posibilidades sonoras de nuestro instrumento.

Los 5 puntos de contacto

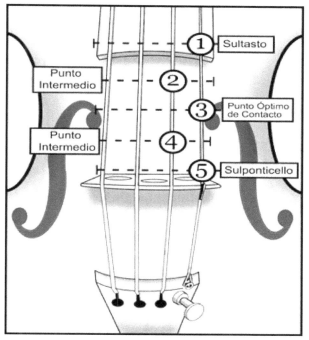

Primer punto de contacto: **Sultasto**, figura sobre o cerca de la tastiera.

Segundo punto de contacto: Representa un punto intermedio entre el primero y el tercero. Este punto es propicio para la ejecución de triples cuerdas o acordes cortos y rápidos.

Tercer punto de contacto: **Punto óptimo de contacto**, posee la característica física de que por estar en la mitad entre el puente y la tastiera, al momento de frotar las cerdas sobre las cuerdas produce un sonido homogéneo, puro y potente en las cuatro cuerdas del violín.

Cuarto punto de contacto: Representa un punto intermedio entre el tercero y el quinto, y es propicio cuando se busca un sonido lleno e intenso, mayormente utilizado cuando se comienza a tocar en posiciones altas.

Quinto punto de contacto: **Sulponticello**, significa sobre o cerca del puente. Este es también conocido como el punto de máxima producción sonora. Cuando el intérprete alcanza posiciones muy altas en el violín y la cuerda se recorta a causa de los dedos, la cercanía del arco a este punto de contacto garantizará la producción nítida y pura del sonido.

Colores y matices en los puntos de contacto

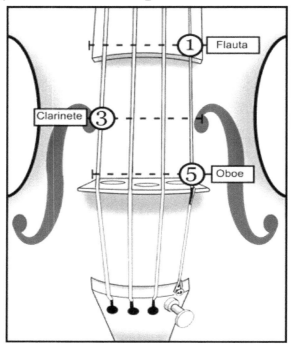

El primer punto de contacto simula el sonido de una flauta de característica velada, atribuyéndole a éste en algunas ocasiones, la indicación efectista interpretativa del *flautato*.

El tercer punto de contacto simula el sonido de un clarinete, por su fuerza, timbre oscuro e intensidad consistente.

El quinto punto de contacto simula el sonido de un oboe, por su semejanza tímbrica en el sonido nasal, estridente y de intensidad penetrante, de éste también se obtiene el timbre efectista denominado *sulponticello;* un sonido metálico bastante desagradable, pero de una riqueza efectista sin igual.

Los puntos de contacto permiten explorar nuestro instrumento, de tal forma que podamos conocer su timbre, su sonido, y sus capacidades de proyección acústica. Matemáticamente en una escala milimétrica, podríamos encontrar más de mil puntos de contacto sobre las cuerdas, pero es importante reducir las dificultades del estudiante y hacerle lo más sencillo posible el aprendizaje en esta primera etapa.

Movimiento de traslación del arco hacia el puente con relación a cada cuerda.

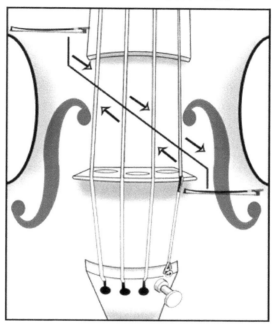

Para comprender este mecanismo definiremos el concepto de traslación. En física, es un movimiento que cambia la posición de un objeto o cosa. Esto aplicado al violín, no es nada más sencillo que acercar o alejar el arco del puente o la tastiera.

Este movimiento se suscita gracias a la relación física que existe entre el grosor y la tensión de la cuerda con relación al arco. Es por ello, que en muchas oportunidades durante el estudio del violín vamos a simular el efecto que se muestra en la imagen, no sólo porque es garantía de un sonido limpio, sino porque también nos va a permitir explorar una variedad de intensidades y colores de sonido en el violín *(p, f, pp, ff, mf, fff, mp)*.

Este movimiento de traslación natural del arco, es esencial para comprender que si no estamos aplicando alguna energía sobre el arco (peso), la línea imaginaria que se describe en la gráfica anterior representaría los puntos de contacto donde se produciría un sonido nítido en relación a cada cuerda.

Variables que inciden en el control permanente del sonido

- § Cuanto mayor sea el número de cerdas que entren en contacto con la cuerda, menor será el riesgo de producir silbidos indeseados.

- § Cuanto mayor sea el peso y la fuerza aplicada por la unidad (hombro, brazo, codo, antebrazo, muñeca, mano y dedos), mayor será la sonoridad y la amplitud total del cuerpo resonante.

- § Cuanto más rápido se pase el arco, más fuerte será el sonido, y por ende mayor será el riesgo de que el arco **no** se adhiera firmemente a la cuerda, transmitiendo más energía a los armónicos que a la nota real que se ejecuta.

- § Cuanto más cerca del puente se toque, más *forte* y metálica serán la intensidad y el timbre del sonido. En algunos casos, originarán chillidos o el efecto del *sulponticello*.

- § Cuanto más lejos del puente se toque, más tenue y suave será el sonido; perdiendo nitidez e intensidad.

- § El efecto cejilla que producen los dedos al desplazarse sobre las cuerdas, obliga al arco a acercarse al puente para mantener la vibración de la misma. A menor segmento de cuerda, mayor cupo de arco, y más cerca del puente se debe tocar.

Golpes de arco

Los golpes de arco se definen como la forma en la que el brazo, antebrazo, codo, mano y dedos interactúan armoniosamente para emitir desde el arco un tipo de articulación, duración y color de sonido específico.

Cuando era niño, mis profesores me enseñaban los golpes de arco como si fuesen una rutina de ejercicios. Estaba obligado a aprenderlos y a ejecutarlos, partiendo de cómo sonaban.

Básicamente, un sistema de repetición e imitación (mimesis) entre mi profesora y yo. Nunca tuve la oportunidad de preguntar el porqué de la diferencia entre ellos, sus definiciones, sus usos o la importancia de comprender la mecánica de cada uno, puesto que yo debía seguir las indicaciones escritas en los libros, métodos o estudios que estuviese tocando, además de las instrucciones de mi profesora.

Con el tiempo me topé con el libro de Iván Galamian, que de forma metódica y científica explica el concepto y el principio técnico de cada golpe de arco. Esto me reveló un mundo totalmente nuevo de posibilidades respecto al uso y la ejecución del violín. De esta forma, con los años me propuse desarrollar una técnica de enseñanza, que pudiese proveer a mis estudiantes no solo un concepto técnico instrumental para identificar, definir y ejecutar dichos golpes de arco sino también para simplificar de forma sistemática y musical el aprendizaje de los mismos.

Deseaba fervientemente que descubrieran por sí mismos que, así como en la expresión oral y escrita, son necesarias las inflexiones, las palabras, los puntos y las comas, para ejecutar el violín, los golpes de arco eran necesarios para crear una gama de contrastes en el discurso musical. Eso que da sentido y diversidad a la historia que se produce en materia sonora desde el instrumento.

Es por ello que este sistema plantea la separación de los golpes de arco en dos grandes categorías: Golpes de arco dentro o fuera de la cuerda con carácter rítmico o expresivo. Así mismo, este sistema describe los problemas, las variables y soluciones más comunes para cada golpe de arco de forma tal que esta sección del libro se convierta en una guía de experimentación para el mejoramiento y perfeccionamiento del manejo de los golpes de arco.

Golpes de arco dentro de la cuerda con carácter expresivo

El Detaché: Es un golpe de arco básico, que consiste en empujar el mismo del centro a la punta o del talón al centro, con una velocidad constante, un peso equilibrado y un punto de contacto fijo. El *Detaché* también es un golpe de arco que se ejecuta magistralmente con todo el arco, buscando la emisión ininterrumpida del sonido.

Aprendizaje de la mecánica del arco a través del Detaché

Del primer tercio al talón, región mitad inferior

Colocando el arco en el 1/3, y liderado por una pequeña flexión de la muñeca en dirección a la barbilla, acompañado del impulso del brazo hacia el pecho, el arco es enviado de punta desde el 1/3 hasta el talón recorriendo la mitad inferior del arco dibujando al final del desplazamiento un triángulo.

Del primer tercio al segundo tercio, región centro o mitad

En mi experiencia personal, este movimiento es quizás el más importante en el aprendizaje de la mecánica del arco, puesto que, de él depende la existencia de la perpendicularidad del arco con relación a la cuerda, la adhesión de las cerdas sobre las cuerdas y la conexión que existe entre la mitad inferior y la mitad superior del arco delimitada por el talón, el 1/3, el centro, el 2/3 y la punta.

Para abordar el desplazamiento del arco, en este segmento es necesario ubicar imaginariamente en la baqueta el primer y el segundo tercio, posteriormente se procede a frotar el arco de forma continua, desde el 1/3 hasta el 2/3 teniendo en cuenta que el movimiento va precedido, únicamente, por la flexión del antebrazo de abajo hacia arriba y viceversa. Así mismo, el codo actúa como una bisagra mientras que el brazo se mantiene fijo como el marco de una puerta. En este movimiento se dibuja un cuadrado.

Del segundo tercio a la punta, región mitad superior

Consiste en la extensión total del antebrazo hacia abajo para llegar a la punta, dibujando un trapecio entre el arco, el brazo, la muñeca, el pecho y el violín. Este movimiento va precedido por la flexión de la muñeca de adentro hacia afuera, acompañado también de una leve inclinación del brazo hacia el pecho, permitiendo entonces que el arco se mantenga recto sobre la cuerda.

Reducir los segmentos y unir los movimientos

Centro-punta, centro-talón

Consiste en dividir el arco en dos partes similares, de tal forma que se pueda conectar el movimiento que se realiza en el centro con el que se hace desde la mitad superior y el que se realiza en la mitad inferior con el del centro.

El pase de todo el arco

El arco es el encargado de emitir el sonido. Pasar todo el arco es una acción que une todos los segmentos y regiones del arco por medio del movimiento de la unidad (brazo, codo, antebrazo, muñeca, mano y dedos) desde el talón hasta la punta y desde la punta hasta el talón.

El arco posee una prolongación finita de su tamaño, por lo que se podría decir que tiene un principio y un fin delimitado por el talón y la punta. Nuestra meta y la de grandes violinistas, es hacer que la continuidad del mismo entre una arcada y otra sea interminable, produciendo así una perenne proyección sonora.

El Legato: (*Del italiano «ligado»*) consiste en ejecutar dos o más notas en una misma arcada. Es importante mencionar que, en la ejecución de este golpe de arco, quien realiza el cambio articulado de las notas o sonidos es la mano izquierda, por ello es necesario estudiar la independencia y coordinación de ambas manos. El arte de ligar notas con el arco simula al canto y a la melodía, pues une sonidos de diferentes alturas en una misma dirección del arco, buscando describir una línea, frase o discurso musical.

El estudio del *legato* no sólo involucra la coordinación de ambas manos sino también el entendimiento mecánico y físico de la unidad (brazo, codo, antebrazo, muñeca, mano y dedos). Para hacerlo más simple, comenzaremos mencionando las variables implicadas en su ejecución:

- El ángulo del codo.
- La cantidad de cerdas.
- La velocidad del arco – asociado a la distribución.

§ El peso.

§ La relajación de los dedos de la mano derecha.

§ La articulación vertical de los dedos de la mano izquierda.

§ La conexión entre la arcada hacia abajo y la arcada hacia arriba.

§ El punto de contacto.

Ahora bien, si un pasaje ligado no posee claridad en la dicción de las notas, la proyección del sonido se rompe o no es constante, podríamos decir que existe una falta de eficiencia y comprensión en alguno de los factores ya mencionados. Es decir, hay algo que **no** estamos haciendo correctamente.

Problemas – variables y soluciones (Legato)

Déficit en la dicción de las notas → Variables, falta de articulación de los dedos de la mano izquierda, poca cantidad de cerdas, velocidad del arco descontrolada y peso aplicado en el punto de contacto incorrecto. Para solventarlo, ejercita la caída natural de los dedos, usando una fuerza mayor hasta que puedas hacer audible la articulación de tus dedos sobre la tastiera. Siente la relajación de tu brazo con relación al arco, para que puedas determinar cuál es el peso o la energía que necesitas aplicar sobre la cuerda. Finalmente, encuentra un punto de contacto óptimo y establécelo como el eje de trayectoria de tu arco

Déficit en la proyección del sonido → Variable, falta de peso y/o cantidad de cerdas, punto de contacto erróneo. Para solventarlo, usa las cerdas planas, imprime mayor energía con el arco sobre las cuerdas (peso) y explora cambiando el punto de contacto.

El sonido se rompe → Variable, el peso sobre la cuerda es exagerado, la velocidad y distribución del arco pueden estar siendo aplicadas de forma muy rápida o muy lenta en el punto de contacto equivocado. Para solventarlo, estabiliza el peso y haz uso de una arcada lenta que te permita explorar las características del sonido, cambiando de forma consciente el punto de contacto. Finalmente, equilibra el peso que ejerces sobre el arco en relación a la fuerza con la que caen tus dedos.

Déficit en la estabilidad del sonido → Variable, el arco se mueve muy rápido o muy lento de forma desordenada, por lo que el punto de contacto se ve afectado y como resultado la estabilidad del sonido no es homogénea. Para solventarlo, estudia el ritmo del arco, es decir, con cuerdas al aire estudia la duración de la arcada. Así mismo, explora los diferentes puntos de contacto, para que puedas determinar qué sonido estás buscando. Establecer una distribución del arco lógica, es también una estrategia que podría beneficiarte al solventar esta dificultad.

Déficit de conexión entre los cruces de cuerda → Variables, el ángulo del codo está mal posicionado, o muy arriba o muy abajo. Para solventar este problema, anticipa con el codo el ángulo de la cuerda que viene para reducir la separación entre cuerda y cuerda. Así mismo, haz consciente la relajación de los dedos de la mano derecha, para incrementar la flexibilidad y conseguir la conexión buscada.

El Portato: Es un golpe de arco que consiste en separar con el dedo índice una nota de otra en la misma arcada. Este tipo de articulación tiene un carácter absolutamente expresivo que le atribuye al sonido una característica única similar al término «*parlato*». Este golpe de arco se representa en la partitura a través del uso de una ligadura que cubre al símbolo del «*tenuto*» (-), sobre cada nota.

Problemas – variables y soluciones (Portato)

Déficit en el control del arco → Variable, falta de compresión del mecanismo de desplazamiento del arco. Para solventarlo, procedemos a tocar las notas legato (ligadas), sin separarlas. Posteriormente hacemos uso del mecanismo de pronación de la mano y la pinza del arco para destacar cada nota dentro de la ligadura sin detener el arco. Siente como el arco se mantiene en movimiento y como el índice y la muñeca ahora forman parte del desplazamiento del mismo.

§ Al agregar el recurso del vibrato a la ejecución de este golpe de arco y sobre todo del pasaje melódico, estaremos incrementando la efectividad del fraseo y la conexión entre nota y nota.

El Role: Más que un golpe de arco es un artificio que consiste en girar lateralmente la baqueta con los dedos: pulgar, medio y anular. Mientras se desplaza el arco lentamente sobre la cuerda, pasando de media cerda izquierda a cerda plana y luego a media cerda derecha. Este ejercicio tiene como finalidad fortalecer en el o la ejecutante la flexibilidad y el control natural que ejercen los dedos sobre el arco.

En la interpretación violinística, *el Role* persigue dar color al sonido y es aquí donde la cantidad de cerdas, el peso, la velocidad y el punto de contacto juegan un papel importante.

Golpes de arco dentro de la cuerda con carácter rítmico

El staccato firme: Este golpe consiste en una serie de pequeños ataques o mordiscos en la misma dirección en la que se desplaza el arco, lo que requiere de un nervio o reflejo para lograr la clara y audible ejecución tanto hacia arriba como hacia abajo.

El arco debe morder la cuerda con precisión, produciendo ese corto sonido que mantendrá el arco adherido a la cuerda.

Este golpe de arco es bastante popular en el repertorio violinístico, por ser una articulación de carácter virtuosa. Sin embargo, es importante establecer como principio fundamental al momento de estudiar este tipo de articulación, que no todos los violinistas son iguales y que a veces la técnica con la que abordamos este tipo de arcada no es funcional para todos.

Tipos de mecanismos para la ejecución del *Staccato firme:*

a. El que se toca por un reflejo natural del ejecutante, ya sea por el uso del índice o los dedos.

Se reconoce como el violinista que naturalmente tiene control de la velocidad y la articulación del golpe de arco. Usualmente suele deformar la estructura del agarre del arco o la colocación de los dedos en beneficio de la ejecución del mismo.

b. El que parte de la pronación continua de la muñeca.

Se reconoce como el violinista que hace uso del recurso técnico del staccato simple. Usualmente no posee un staccato firme veloz, pero sí uno muy controlado, manteniendo intacto el chasis de la mano al momento de agarrar el arco.

c. El que se produce por un reflejo de tensión desde el antebrazo.

Se reconoce como aquel que hace uso excesivo de la tensión que se crea en el antebrazo como único recurso al tocar este golpe de arco. Usualmente, es el violinista que se queja de algún dolor o molestia en el brazo o antebrazo al momento de tocar el staccato firme. Este tipo de reflejo trae consecuencias negativas a futuro, puesto que todo mecanismo que desarrolle tensión en el músculo será contraproducente para el ejecutante. Finalmente, está comprobado que el estudiante que recurre a este recurso, no comprende el funcionamiento de los dedos y la muñeca en la ejecución del staccato firme, desconociendo su reflejo natural o instintivo, trayendo como resultado la incomprensión técnica y la frustración.

Es nuestra responsabilidad como maestros, diagnosticar y analizar las características anatómicas, físicas e instintivas del estudiante al momento de enseñar este tipo de golpes de arco. Así mismo, como estudiantes, debemos comunicar la inconformidad y el malestar que nos causa la falta de entendimiento, no sólo de este golpe de arco sino de cualquier otro mencionado en este libro.

El Martelé *(palabra de origen francés que significa «martillado»)* en italiano «Martellato». Consiste en apoyar con el índice haciendo presión y tirando de forma veloz el arco sobre la cuerda. Básicamente, consiste en una arcada que se obtiene «mordiendo» fuertemente las cuerdas, comunicando así gran peso o fuerza que se libera luego con un movimiento muy rápido que producirá un sonido seco y muy fuerte. Este golpe de arco debe ser muy preciso y controlado, puesto que por ejecutarse a gran velocidad suele producir en el discípulo inexperto el desvío o resbale del mismo hacia el puente o hacia la tastiera. Este golpe de arco también tiene como propósito la construcción de un reflejo automático del pase del arco, es decir el desarrollo físico que le permite al estudiante fortalecer la memoria muscular y el mecanismo que incide en el manejo del arco.

Martelé Estilista o Musical: Antes de definir este golpe de arco, es importante destacar la diferencia que existe entre este tipo de Martelé y el Martelé aludido anteriormente, puesto que el ya mencionado pertenece a un sistema sencillo de arcada de estudio que le permitirá al estudiante un sonido concentrado y fuerte de manera consistente, al obtener el control armonioso de la unidad (brazo, codo, antebrazo, muñeca, mano y dedos).

- *Martelé Estilista*: Este golpe de arco se ejecuta de manera rápida, empujando el arco sin morder la cuerda; pero con un pequeño apoyo del índice al momento de realizar la arcada, produciendo una leve acentuación sobre la nota.

- *Gran Martelé:* En este caso la velocidad del arco será más enérgica y firme, de tal forma que se obtenga mayor brillo tímbrico y cohesión sonora.

Es importante resaltar que estos golpes de arco se realizan del centro a la punta o en la mitad superior del arco.

El lance: Se ejecuta con ligereza y velocidad sin una presión significativa del dedo índice, de tal forma que se obtenga un sonido con aire, de cualidad tímbrica velada, pero de amplio vigor rítmico.

Problemas – variables y soluciones (Martelé y Lance)

Déficit en la perpendicularidad del arco → Variable, incomprensión de la mecánica del arco. Para solventarlo, volvemos a los principios básicos del pase del arco, donde la arcada hacia abajo se produce gracias a la extensión del antebrazo y el brazo hacia afuera del pecho, mientras que en la arcada hacia arriba el desplazamiento del arco va precedido por el recogimiento de los dedos y el cierre del antebrazo y el brazo en dirección al pecho. La práctica consciente de este mecanismo, evitará que el arco se deslice sobre la cuerda modificando el punto de contacto y afectando la producción del sonido.

Golpes de arco fuera de la cuerda con carácter rítmico

El Spiccato: (Del italiano «marcado») es un golpe articulado, el cual aprovecha la posibilidad que tiene el arco de rebotar sobre las cuerdas para lograr un sonido corto y percutido en la ejecución de pasajes virtuosos. En este movimiento la muñeca es líder en la acción, siendo guía del rebote que realizan la baqueta y las cerdas, simultáneamente.

El Spiccato Volante: Éste se define como una sucesión de varios Spiccatos simples en una misma dirección del arco (hacia arriba), que describe un movimiento circular de la muñeca, que ataca la cuerda en el mismo lugar, retomando el arco con gran velocidad.

Problemas – variables y soluciones (Spiccato Volante)

Déficit en la consistencia de la arcada → Variables, movimiento inconstante de la muñeca o incomprensión de la función de los dedos. Para solventarlo, deja el arco a un lado y sujetando tu muñeca con la mano contraria, realiza un movimiento de rotación circular, simulando el que se realiza con el arco y examina si tus dedos están rígidos o en constante movimiento. Toma el arco y llevándolo a la cuerda, realiza la misma gesticulación y procura que los dedos produzcan el empujón inicial que ataca la cuerda. Posteriormente, vigila que el lugar en el que las cerdas tienen contacto con la cuerda sea siempre el mismo.

El Ricochet: *(Del italiano «rebote»),* este golpe de arco aprovecha el rebote de las cerdas y la baqueta. Consiste en lanzar el arco firmemente hacia la cuerda, normalizando el rebote de éste en una misma dirección y en virtud del ataque inicial. Además de ello, este golpe de arco reacciona directamente al ritmo que está escrito en la partitura.

Al lanzar el arco se procura que las cerdas se encuentren de forma plana, logrando así que éstas froten adheridas a la cuerda. El grado de complejidad de esta arcada radica en la sincronicidad de la mano que digita y la mano que articula con el arco emitiendo el sonido.

Problemas – variables y soluciones (Ricochet)

Déficit en el control del arco → Variable, falta de control del rebote. Para solventarlo, se debe estudiar la caída del arco de forma lenta y controlada, haciendo uso de las cuerdas al aire. De esta forma, garantizamos la correcta ejecución del mismo y la clara producción de cada nota. Una vez se desarrolla el reflejo entre las dos manos, entendiendo completamente la sensación y los cruces de cuerda, entonces procedemos a dejar caer el arco naturalmente haciendo uso del nervio de rebote del arco. Esto quiere decir, que detenemos el esfuerzo intencional de control que estábamos usando al momento de estudiarlo.

El Balzato (Spiccato Cantabile): *(Del italiano «saltado»)* al igual que el Spiccato, el Balzato, aprovecha el rebote natural del arco; pero a diferencia del anterior (Spiccato), en el movimiento se encuentran involucrados la muñeca y el antebrazo, usando así mayor cantidad de arco y dejándole caer continuamente, hasta lograr un rebote controlado sobre las cuerdas.

En el *Balzato*, la muñeca y el antebrazo describen un movimiento pendular que ataca la cuerda de forma horizontal y no vertical, extrayendo del violín un sonido noble; pero redondo. Como este golpe de arco se realiza cerca del talón, el brazo y la muñeca se ven involucrados de manera activa, es aquí donde los dedos sostienen firmemente al arco en su caída, aumentando el cupo del mismo y la intensidad del sonido.

Este golpe de arco es reconocido también por sus cualidades expresivas, ya que produce un sonido muy puro, redondo, con un color dulce. En la ejecución de este golpe de arco, el vibrato y la cantidad de arco que utilicemos, jugará un papel muy importante al momento de construir el discurso expresivo del sonido. Es por ello, que al estudiarlo, es necesario relacionar la velocidad del vibrato con la cantidad de arco que usamos. En otras palabras, la articulación expresiva de este golpe de arco estará determinada por la sincronicidad entre el vibrato y la horizontalidad con la que extraemos el sonido de la cuerda:

Si vibramos, el sonido resonará con vigor.

Si usamos mayor cupo de arco, la articulación se alargará, y obtendremos mayor resonancia.

Si el vibrato es muy lento se perderá la expresión rítmica del golpe de arco, por lo que el discurso expresivo se verá comprometido.

El Sautille: Es también llamado *Saltellato*. Es un golpe de arco donde sólo rebota la baqueta, mientras que las cerdas se mantienen constantemente sobre la cuerda.

En el caso del *Sautille*, el antebrazo está ligeramente más pronado que para el *Spiccato* y el punto de equilibrio se centra por completo en el dedo índice; este tipo de golpe de arco acentuará más el mecanismo vertical de movimiento entre las manos y los dedos.

El problema – variables y soluciones (Sautille)

Déficit en la claridad y la articulación → Variable, puede que la colocación de los dedos o la altura del codo esté influyendo negativamente en la claridad y la articulación. Para solventarlo, separa hacia adelante tu dedo índice, este distanciamiento intencional entre los dedos creará un punto de equilibrio inusual en el nervio de rebote del arco, aumentando la verticalidad del rebote del arco sobre la cuerda. Como resultado, la emisión sonora se incrementará considerablemente al mismo tiempo que el control y la precisión del golpe de arco.

La mano izquierda del violín

Antes de colocar la mano izquierda en el violín, debemos relajar nuestro brazo izquierdo, para que al llevarlo hasta el mango del instrumento el movimiento esté libre de tensión, puesto que éste no cumple la función de sujetar por completo el violín; por el contrario, permite que la mano y los dedos se deslicen sobre éste.

Colocación de la mano izquierda en el violín

El dedo pulgar de la mano izquierda debe hacer contacto con el mango del violín entre la primera y la segunda falange, la palma de la mano debe rotar hacia adentro, de manera que los dedos queden cercanos a la tastiera del violín.

Sin embargo, la correcta colocación del pulgar en el agarre del violín, es un tema que crea mucha polémica entre maestros y estudiosos del área. El pulgar es un punto de soporte que le permite a la mano izquierda moverse de tres formas: hacia arriba y hacia abajo (caída de los dedos), hacia adelante y hacia atrás (cambios de posición y vibrato), y hacia afuera y hacia adentro (cruces de cuerda).

Cuando entendemos que el pulgar funciona como un eje de movimiento, debemos enfatizar en la educación de nuestros estudiantes y nosotros mismos que el pulgar es un punto de apoyo. NO es un cuerpo inmóvil e inerte como lo es en la física (punto de apoyo). En el violín, el pulgar puede cambiar su colocación dependiendo del pasaje, tipo de principio técnico (dobles cuerdas, décimas, trinos, pizzicatos de mano izquierda, entre otros). Es por ello que debemos velar porque nuestros estudiantes desarrollen un pulgar relajado y movible que les permita incrementar la adaptabilidad y mecanismo de funcionamiento de la mano izquierda.

Finalmente, la cercanía de los dedos a la cuerda, la redondez de los dedos y la relajación del brazo, son garantía para un desarrollo positivo de la técnica.

Caída natural de los dedos

Una vez que la mano se encuentra sobre la tastiera se procede a colocar los dedos sobre las cuerdas, haciendo contacto con la parte lateral izquierda de la yema del dedo en una posición redondeada, cuidando que al bajar y pisar la cuerda esto suceda siempre en la misma zona del dedo.

Este dibujo se puede imitar cuando se abre y se cierra la mano para crear un puño, puesto que, al cerrarla, la yema de los dedos toca la palma de la mano, equidistante y armoniosamente.

Estructura de la mano izquierda según la distancia y los intervalos

Basado en las estructuras interválicas, se pueden dibujar distintas estructuras con nuestros dedos. Todo esto depende de la distancia entre los tonos y los semitonos, a estas distancias se les conocen con el nombre de intervalo melódico o armónico, dependiendo si se ejecutan como dobles cuerdas o como notas simples en el violín.

En términos más sencillos, los intervalos determinarán la cercanía o separación que tendrá un dedo del otro. A continuación, los patrones más comunes y esenciales de enseñar al momento de incursionar en el mundo del violín.

Digitación, cambios de posición y extensiones

La digitación es el lugar de caída: lógica, ordenada, simultánea o sucesiva que realizan los dedos al desplazarse vertical u horizontalmente sobre las cuerdas con fines musicales y técnicos. En combinación, las digitaciones deberían garantizar la mejor articulación del sonido y la más fina expresión de la frase, resultando más sencillo y cómodo de ejecutar cualquier pasaje o trozo del repertorio violinístico.

Al hablar sobre las digitaciones, suelo hacer referencia al uso de las palabras durante la comunicación humana. Es decir, las palabras que escogemos tienen un significado único y especial, muchas de ellas con sinónimos y antónimos. Cuando digitamos estamos construyendo un conjunto de palabras que forman un mensaje específico. El hacer uso de una digitación poco eficiente y técnicamente mediocre sería el equivalente a utilizar palabras fuera de contexto o con errores ortográficos en nuestros mensajes. De ser este el caso, aquello que queremos comunicar será confuso y en ciertas ocasiones difícil de entender por nuestro receptor. Es por ello que una digitación lógica, sistemática y en contexto con el mensaje o la frase musical tendrá un impacto eficiente en la expresión de nuestras ideas musicales hacia la audiencia.

En el campo de la digitación se han originado varios avances que han permitido un desarrollo técnico más homogéneo, produciendo un efecto musical más satisfactorio.

Ejemplos:

§ El uso de posiciones pares.

§ Desplazamiento de los dedos en distancias de semitonos.

§ El cambio de posición rápido sobre cuerdas al aire.

§ Mejores digitaciones cromáticas.

46

§ La extensión y contracción de dedos contiguos que permite cambiar de posición, evitando los deslizamientos continuos.

§ El uso de la décima y otras combinaciones de la extensión.

Cambios de posición

Éstos son los desplazamientos horizontales que realiza la mano izquierda de forma ascendente y descendente sobre las cuerdas.

Cambio de posición directo: Es el desplazamiento que se realiza con el mismo dedo de una posición a otra.

Cambio por nota de paso: Es utilizado comúnmente como método de estudio, puesto que traslada el último dedo utilizado antes de tocar la nota real escrita en la posición sugerida.

Cambio de posición por sustitución: Es el que se realiza con dos dedos diferentes, y tiene como propósito tocar la misma nota.

Extensiones: Éstas se realizan con el mismo dedo en distancias de semitonos cuando el mecanismo es horizontal y en distancias de tonos o mayor apertura cuando el mecanismo es vertical.

Extensiones Verticales: Son aquellas que se realizan por medio del levantamiento y caída del dedo, normalmente en distancias de más de un tono, ya sea ascendente o descendentemente. Este tipo de digitación o cambio de posición elimina los deslizamientos continuos evitando el cambio brusco de la mano sobre las cuerdas, actuando como apoyo para el establecimiento de una nueva posición. Este movimiento de arrastre es parecido al que realiza una oruga. Con este tipo de digitación es posible cubrir un amplio segmento de cuerda, sin realizar cambios de posición audibles.

Glissandos

Durante años creí que los glissandos eran un mundo separado de la técnica y los cambios de posición. Uno al que solo los maestros y grandes entendedores del violín tenían acceso. Sin embargo, a través de la simplificación y la experimentación con mis estudiantes, logré explicar lo que es un glissando de manera sencilla a un niño de 7 años, rompiendo de este modo con una creencia limitante que nos hacemos cuando estamos en este proceso de búsqueda y aprendizaje. Así mismo, la técnica interpretativa variará en función del instrumento musical que deba ejecutar el glissando. Los glissandos son un recurso de expresión y embellecimiento del sonido. Son el sello mágico que conecta una idea con otra. Lo defino como esa energía que conecta dos cuerpos aun en la distancia, el primer cuerpo es el dedo y el segundo cuerpo es el arco.

Mientras un cambio de posición es el mecanismo que nos lleva de una posición a otra, los glissandos son la versión audible de un cambio de posición.

Glissando directo: Es el que se realiza con el mismo dedo, de una nota a otra, deslizando el dedo que pisa la cuerda durante el trayecto del cambio de posición.

Ahora bien, recordando un poco los conceptos previamente mencionados, un cambio de posición directo se hace de una nota a otra con el mismo dedo y según los principios técnicos de la ejecución del violín; para que esto suceda el mecanismo debe ser relajado, limpio y procurando ejecutar sólo las notas escritas, es decir, la nota de partida y la nota de llegada. En este sentido, un glissando directo se realiza con el mismo mecanismo de un cambio de posición directo, variando la velocidad y el peso que ejerce el dedo sobre la cuerda, para que este sea audible. El arco juega un papel importante en la ejecución de los glissandos, dado que este sostiene el sonido durante el desplazamiento del dedo, lo que hace que se pueda escuchar.

Glissando por portamento: Hace uso del mecanismo de cambio de posición por nota de paso, puesto que traslada el último dedo utilizado antes de tocar la nota real escrita en la posición sugerida. Este tipo de glissando es uno de los más hermosos, usualmente llamado el Glissando de Kreisler, en honor al increíble violinista y compositor del período romántico impresionista, quien hacía uso de este recurso de manera exquisita e inigualable.

Glissando por sustitución: Al igual que el cambio de posición por sustitución, este tipo de glissando tiene como objetivo expresivo reafirmar la nota escrita por medio del impulso que se crea cuando el dedo del cambio se desplaza hacia la nota.

Glissando cromático: Este tipo de glissando es sencillo de identificar en la partitura, ya que veremos la indicación del mismo dedo para todas las notas de la escala cromática descendente o ascendente. Es conocido como un glissando de carácter gitano o lamentoso, y tiene como propósito maximizar la textura del sonido e imitar el lenguaje expresivo de la voz humana.

Finalmente, quisiera compartir con ustedes una anécdota que marcó mi vida, mientras cursaba mi primer año de estudios en los Estados Unidos.

Siempre que mi maestro tocaba algún pasaje que tuviese glissandos, le miraba con admiración y desde mi necesidad de lograr y reproducir lo que él tocaba, le preguntaba:

— Maestro, ¿cómo se hace ese glissando? Su respuesta siempre me dejaba atónito.

— «Querido Samuel, en el camino del arte es de sabios hacer las preguntas correctas».

Clase tras clase me seguía encontrando con la misma respuesta, hasta que un día el maestro observó mi nivel de desesperación y me pidió que me volteara hacia la puerta y cerrara los ojos. Posteriormente, me dijo:

— «¡Escucha con los oídos y el alma!»

El maestro tocó dos compases donde se encontraba el glissando de mis sueños, y después de ejecutarlo me pidió que con mis ojos cerrados y de espalda a él imitara aquello que había escuchado. Me tomó 3 intentos recrear casi a la perfección el mismo glissando que el maestro había tocado. En ese momento entendí, que buscaba la respuesta con mis ojos y desde una perspectiva meramente técnica, cuando la respuesta estaba frente a mis sentidos. Para sonar de cierta forma hay que escuchar el sonido e imaginarlo primero. Si el sonido es nuestra marca personal, ¿qué hacemos buscándolo fuera?, cuando realmente la voz del violín yace dentro de nosotros.

Moraleja: No todo mecanismo técnico se puede ver, no todo mecanismo técnico se puede imitar aplicando una fórmula matemática. La verdadera maestría del sonido y la expresión nace de la escucha activa del ser interior y el balance entre la técnica, la interpretación y la eficiencia.

Pizzicatos de mano izquierda: Los pizzicatos de mano izquierda son un recurso de carácter virtuoso y efectista, que lleva el pizzicato convencional a otro nivel, al pasarlo de la mano derecha a la mano izquierda. El pizzicato convencional se logra al pulsar o halar la cuerda con los dedos, sin embargo, en este caso se realiza por un movimiento de tracción hacia la palma de la mano. Es decir, la mano izquierda produce la nota y el sonido al mismo tiempo.

Problemas – variables y soluciones (Pizzicatos de mano Izquierda)

Déficit en la claridad de las notas → Variables, falta de comprensión en el mecanismo. Cuando esto sucede se debe a que estamos tratando de sacar los dedos de la cuerda de forma muy rápida. Para solucionarlo, debemos rápidamente pulsar la cuerda y retraer el dedo hacia el centro de la mano. Así mismo, colocar el pulgar en el centro de la mano creará un ángulo de los dedos más pronunciado, que les permitirá incrementar la fuerza y capacidad de reacción al momento de hacer el mecanismo.

Armónicos naturales: Desde una perspectiva meramente científica, los armónicos son la secuencia de frecuencias, tonos musicales o tonos puros en la que cada frecuencia es un múltiplo entero de una fundamental, es decir, de sí mismo.

A continuación, se considera la línea que describe la cuerda, y los puntos en los que cada vibración entra en contacto con la cuerda, este es el punto en el que un armónico natural se produce.

Armónicos falsos: Los armónicos son el recurso técnico que nos permite ejecutar la octava de una nota principal a través de la colocación de dos dedos; el primer dedo (1) pisa la cuerda con firmeza mientras que el segundo dedo (4) se posa levemente sobre la cuerda en la nota correspondiente a la posición.

Problemas – variables y soluciones (Armónicos falsos)

Déficit en la claridad del sonido → Variable, cuando esto sucede la causa número uno se debe a la inconsistencia de la velocidad del arco. Aumenta la cantidad de cerdas utilizadas y el cupo de arco. El secreto de los armónicos consiste en la búsqueda de un balance entre la velocidad y el punto de contacto.

Déficit de colocación en la mano izquierda → Si no logras encontrar la nota deseada, relaja la mano y contrae suavemente el 4° dedo de la mano izquierda. Esta relajación intencional llevará la mano a su posición de reposo permitiéndole al primer y cuarto dedo alinearse. Así mismo, podrías intentar tocar las notas reales que se producen al tocar cada uno de los dedos (1-2-3-4) y posteriormente dejar solo el primer y el cuarto dedo, y de forma gentil relajar el cuarto dedo para producir el armónico.

Trinos: Pertenecen a la familia de los adornos musicales y se representan en la partitura con el símbolo *tr*. El trino consiste en alternar rápidamente dos notas, partiendo de una nota principal (nota base) y alternando velozmente la nota superior (la nota que trina).

Cuando introducimos este recurso técnico al repertorio de un niño o niña, debemos tomar en cuenta los siguientes aspectos:

§   *El o la estudiante debe identificar y definir el trino antes de ejecutarlo.*

§   *No debemos lanzar al estudiante a la ejecución del trino, sin antes desarrollar una serie de ejercicios como el uso de ritmos combinados para el desarrollo de la fortaleza articulativa de los dedos.*

§   *Finalmente, hacer uso de la analogía del trino como un recurso expresivo que emula el cantar o trinar de las aves, le permitirá al estudiante comprender y asociar que el trino no sólo es rápido sino también constante, claro y con cierta musicalidad.*

Dobles cuerdas: La ejecución de dobles cuerdas representa un problema en la coordinación de las dos manos. Por ser la mano izquierda la encargada de pisar dos cuerdas a la vez, es común que al pulsarla se ejerza demasiada fuerza, causando tensiones innecesarias y calambres que pueden originar lesiones en la mano, esta misma debe desplazarse a lo largo de la cuerda de manera suave y articulada para garantizar la clara dicción del sonido cuando se involucren las dos manos. La mano derecha, por el contrario, es la encargada de atacar con el arco las dos cuerdas para emitir el sonido, teniendo la responsabilidad de mantener la homogeneidad de las mismas, es aquí donde el peso, la velocidad y el punto de contacto, son indispensables para la interpretación de estos intervalos que se ejecutan simultáneamente.

Así mismo, cuando tocamos dobles cuerdas solemos creer que cuanto más presionemos ambas cuerdas, mayor será la producción del sonido, la realidad es que el instrumento requiere de un peso balanceado que le permita resonar. Cuando la fuerza aplicada es mayor a la resistencia de las cuerdas, el violín tiende a ahogarse y la capacidad vibratoria aunque es de intensidad *forte* no posee la resonancia que físicamente permite la proyección del sonido. Esto quiere decir, que aun cuando nuestro sonido es *forte,* el violín no está respirando y el sonido se queda encajonado en el instrumento, sin la posibilidad de viajar por el espacio.

Acordes: Los acordes son bloques sonoros que se ejecutan simultáneamente y pueden contener de 3 a 4 notas escritas, basadas en las posibilidades del violín**.**

Existen dos tipos de acordes. Los acordes partidos y los que se ejecutan en unísono. Es importante mencionar que la ejecución de dichos acordes depende del período de la música, el compositor y el contexto histórico detrás de la obra.

El *vibrato*: Se define como una desafinación constante, rápida y controlada que se produce por un movimiento oscilatorio de la muñeca, el dedo y el antebrazo en conjunto.

Cuando trabajamos con nuestros estudiantes, es importante determinar el instinto natural de sus manos al momento de enseñarles a vibrar. El vibrato es un recurso muy personal, que le atribuye al sonido el sello personal de cada ejecutante. Por esta razón, cuando incursionamos en el mundo del vibrato debemos identificar 3 grandes tipos:

1. *Vibrato* de brazo: Este tipo de vibrato involucra la oscilación y movimiento en bloque de los dedos, mano, antebrazo y parte del brazo. Comúnmente, vemos este tipo de vibrato en violinistas que hacen uso de la hombrera, debido a que el soporte de la hombrera estabiliza el violín y lo mantiene casi inmóvil, permitiéndole al antebrazo y brazo, moverse de forma libre hacia adelante y hacia atrás. Desde un aspecto físico, el eje de movimiento para el vibrato de brazo es el codo.

2. *Vibrato* de mano o muñeca: Este tipo de vibrato involucra la mera oscilación de la mano, haciendo que los dedos y la mano sean la entidad que entra en movimiento. Comúnmente, vemos este vibrato en violinistas que no usan soporte, ya que el violín reposa sobre la clavícula y la curva de la mano izquierda entre el pulgar y el índice. El reposo del violín en dos puntos consecutivos, no le permite al antebrazo moverse con facilidad, por ende, el mecanismo surge en la muñeca y la mano. Desde un aspecto físico, el eje de movimiento para el vibrato de mano es la muñeca.

3. *Vibrato* de dedo: Este tipo de vibrato se realiza con los dedos propiamente y se basa en el uso de las falanges como eje para el movimiento. Este tipo de vibrato es visto en posiciones altas y como recurso de expresión para *glissandos* y otro tipo de efectos.

Es importante mencionar que la anatomía del cuerpo de cada estudiante, específicamente la longitud y tamaño del brazo, mano y dedos tendrá una incidencia directa en la producción y uso de vibrato. Siendo estos aspectos, la clave para el descubrimiento de nuestro vibrato natural.

Vibrato lento: El vibrato lento es un recurso excelente para el estudio del sonido y la relajación, puesto que permite ejercitar el movimiento oscilatorio de la mano.

Vibrato continuo: Este recurso tiene la particularidad de mejorar y fortalecer la caída y articulación de los dedos sobre la cuerda, fusionando dos movimientos primordiales en la mecánica de la mano izquierda: el desplazamiento horizontal de una mano vibrante mediante los cambios de posición y la línea vertical que describen los dedos al caer sobre la cuerda.

La maestría del vibrato consiste en el reconocimiento de cada mecanismo, así como en la capacidad que tiene el músico de integrar cada uno de los tipos con diferentes velocidades y formas, en la ejecución del repertorio, dependiendo el caso. El uso de un vibrato estático y genérico en todo lo que tocamos, podría convertirse en un agente perjudicial que afecta la integridad de la música, y lo que llamamos el manejo de las intensidades según el fraseo.

El vibrato es como la respiración humana, cuando estamos calmados la respiración es lenta y continua, cuando estamos exaltados la respiración es rápida y en cortos períodos de tiempo; cuando estamos tristes la respiración es entrecortada y tiende a incrementar su velocidad al inhalar el aire. Estos mismos elementos pueden ser aplicados a la música a través del vibrato. Un pasaje melódico de gran carácter que emula la angustia y la exaltación, hace uso de un vibrato rápido, que ayuda proporcionalmente a la construcción de ese carácter sonoro buscado. Un pasaje más dulce y romántico, requiere de un vibrato apacible y tierno. Un pasaje sobrio, religioso y espiritual, requiere de un vibrato más centrado, continuo y pequeño que resguarde la seriedad de la melodía y proteja las conexiones del arco.

En este apartado del libro, se abordaron aspectos donde se conjugan los elementos teóricos y la experiencia adquirida como Maestro de Violín. Se inicia con la forma correcta de agarrar el violín, cómo se toma el arco, de manera que el sonido como materia prima del músico sea acorde con los requerimientos técnicos de la pieza. Después se describen los cinco puntos de contacto, donde se producen las notas musicales, así como los diversos colores y matices, los movimientos de traslación del arco y las variables que inciden en el control permanente del sonido.

Posteriormente, se refiere la mecánica y los golpes de arco, esenciales para un violinista, presentándose una serie de problemas específicos que se han detectado, así como una manera para corregirlos. Asimismo, se presenta la forma apropiada de la mano izquierda, la caída natural de los dedos, su estructura según la distancia y los intervalos, la digitación y cambios de posición. En nuestra experiencia tanto como estudiante primero y Maestro después, estos aspectos han sido esenciales, porque se pudieron caracterizar muchas de las deficiencias más comunes en los violinistas, al tiempo que se muestran las formas cómo, desde la práctica experiencial, se han podido solventar.

Para seguir leyendo sobre los aspectos técnicos de la ejecución del violín

- **Principles of Violin Playing & Teaching**, Ivan Galamian.
- **The Violin Explained: Components, Mechanism, and Sound**, James Beament.
- **The Dounis Collection, The Eleven Books of Studies for the Violin**, Dounis.
- **El Violin Interior**, Dominique Hoppenot.

La persona detrás del Violín

El talento, ¿fantasía o realidad? ¿Cómo la indisciplina puede terminar con el talento?

El talento es la cualidad, aptitud o capacidad intelectual y/o física del ser humano, su abundancia lo diferencia de otros en el desempeño de una actividad. En otros contextos, el talento se considera también como un potencial que le atribuye a la persona la capacidad de incluir en la actividad su propia personalidad o inteligencia emocional, de tal forma que el resultado sea único y genuino. El talento es concebido como un atributo que se hereda y que forma parte de las características inmersas en el individuo. Sin embargo, la sociedad de músicos hoy en día percibe el talento como la capacidad que tiene el individuo de ejecutar su instrumento con facilidad, sin ninguna limitación técnica, pero ¿es eso talento? o ¿simplemente una habilidad psicomotora que le provee al músico la agilidad de tocar y aprender más rápido?

Será que, ¿en la actualidad es apropiado hablar de talento?

Cuando expresamos que la indisciplina acaba con el talento, nos referimos a un talento que no es guiado o encaminado de forma correcta y que termina siendo malgastado. El análisis consciente y el desarrollo de dicho talento, es fundamental para el crecimiento integral del músico.

Un joven con capacidades y facilidades para ejecutar cualquier instrumento, debe tener en cuenta que el don que se le ha adjudicado debe ser desarrollado de forma ordenada y disciplinada de la mano de la lógica y la técnica, sin abandonar sus raíces creadoras y su consciencia espiritual.

Ser violinista y, sobre todo, ser un músico integral requiere de una inmensa dedicación, que sólo se consigue si el proceso es continuo, sistemático y estructurado. Durante nuestro crecimiento artístico es importante recalcarnos, como docentes y estudiantes, que no hay que avergonzarnos de nuestros fracasos y caídas cuando el resultado no es el deseado. Por el contrario, debemos valernos de ellos para seguir superándonos como artistas, es aquí donde la experiencia y el aprendizaje adquirido día tras día en el estudio constante, funcionan como pilar en la culminación de las metas propuestas por nuestros maestros o por nosotros mismos.

En muchas ocasiones se aprende más de un intento fallido que de un triunfo, el primero requiere el esfuerzo de buscar otras formas, técnicas, métodos, así como de la reflexión teórica y filosófica, mientras que el triunfo solo afianza lo aprendido.

El fluir del conocimiento

El profesor será el punto de apoyo que impulsará al estudiante y

fomentará la interdependencia. Así mismo, este aprendizaje será mutuo entre el maestro y el estudiante.

Un educador genuino es aquel que provoca el crecimiento, porque es capaz de ver, descubrir y valorar el potencial que se encuentra en el interior de cada uno de sus estudiantes, fomentando el amor al conocimiento y el afán por aprender. Un maestro enseña a aprender, a cuestionar y a buscar soluciones. Convirtiendo el estudio en una acción que se realiza por autocomplacencia y no por obligación. Es por ello que resulta importante insistir con fervor en los principios de la repetición, la paciencia y el incentivo al logro, para conseguir el éxito.

Para que exista una interacción exitosa entre el maestro y el estudiante, deben estar presentes los siguientes valores:

§ Confianza.

§ Compromiso.

§ Respeto.

§ Responsabilidad.

§ Puntualidad.

§ Comunicación.

§ Planificación.

§ Atención.

§ Calidad de enseñanza.

§ Estudio.

§ Motivación interna y externa.

§ Rendimiento mutuo.

§ Establecimiento de metas.

§ Trato igualitario.

§ Espacios para la inspiración.

La labor pedagógica es una oportunidad de oro para formar, no sólo violinistas de calidad sino también seres humanos aptos para la vida. Este capítulo, expresa a través de cada uno de sus tópicos, posturas que se relacionan con el rol del estudiante y el rol del maestro. Como resultado, el lector desarrollará una empatía específica con el rol con el que se sienta identificado de momento.

Estudiar para tocar Vs. Estudiar para enseñar

Estudiar para tocar, es un proceso personal que consiste en abordar la técnica, la interpretación, la puesta en escena, la mecánica del arco y desplazamiento de mano izquierda desde una perspectiva individual, basado en las capacidades, condiciones y habilidades del individuo. Por otro lado, estudiar para enseñar es un fenómeno apasionante, que se desliga del individuo para abordar y enfocarse en las características únicas de cada aprendiz.

Es preciso, ir develando la personalidad violinística del estudiante por medio de estrategias que le permitan solucionar sus dificultades técnicas, haciéndole ver en una escucha pro-activa los posibles resultados. Es dejar a un lado el rol de maestro, para pensar y sentir como el estudiante, de manera que podamos diagnosticar y calibrar cada aspecto que necesite ser desarrollado o fortalecido desde un sentir más empático. Para ello, *es necesario bajarnos del pedestal del maestro, poniéndonos en la posición del estudiante, así garantizamos el entendimiento del sentir del discípulo.*

En este sentido, es importante que la relación entre quien enseña y quien aprende, pueda encontrar el equilibrio entre el respeto y la amistad, donde la sinceridad sea la mediadora de la comunicación fluida, en la confianza de plantear los problemas que preocupan e inquietan a quien se forma, con el compromiso de avanzar al ritmo propio de cada persona, según sus motivaciones internas y externas.

Pero, sobre todo, sus sentimientos y la formación que desde la filosofía de vida se plantee como esencial para su crecimiento como ser humano, de sus inquietudes para su conformación como ser tanto individual como colectivo. Al igual que en una orquesta, el ser humano fluye en la vida en armonía con todos los instrumentos que conforman la pieza que se interpreta. Un ejecutante es una persona profundamente sensible ante aquello que afecta a la humanidad, a la naturaleza y al cosmos mismo. Su trascendencia se fundamenta en el diálogo que puede establecer con ellos, a través de la música.

Cada joven violinista es único en su clase. Como maestros intentar compararlos, hacerlos parecidos unos con otros, o peor aún a nosotros mismos, es un terrible error. Por el contrario, apoyarlos y acompañarlos para descubrir y desarrollar su identidad artística como músicos integrales, es un privilegio que debemos aprovechar, incluso para cultivarnos como maestros y artistas creadores en vez de tiranos de la enseñanza.

Ser maestro es un compromiso, que lleva consigo la responsabilidad de acompañar al estudiante en la mayoría de sus procesos, dotándose a sí mismo como maestro, y dotándole al estudiante de todos los recursos intelectuales, emocionales, físicos, tecnológicos y comunicacionales, ya sea de forma presencial, virtual o bajo un esquema híbrido, hasta que esté preparado para enfrentar por sí mismo y con todos los recursos adquiridos, el rol de un violinista independiente. Crear una sana relación de interdependencia es vital en el aprendizaje y la enseñanza, fomentando los valores detrás de la meta como incentivo al crecimiento. Es así como se forman violinistas con calidad humana, y no máquinas que sólo tocan notas a la perfección.

El artista, la audiencia y el fenómeno creador

En la actualidad existen muchísimas escuelas, conservatorios y academias de formación violinística, donde con mucho éxito han catapultado a sus jóvenes prodigios a las más grandes competencias de violín, a casas de conciertos con las que firman producciones discográficas y así consolidan una carrera como íconos de la música clásica y el violín.

Sin embargo, parece que conforme el tiempo pasa y las audiencias van cambiando, también varía la forma en la que perciben a los músicos. Sobre todo, en la actualidad, cuando estamos sumergidos en una era digital. Ahora bien ¿Por qué sucede esto? El alto consumo de contenido audiovisual al que los espectadores acceden de forma virtual, rápida y sencilla en las diferentes plataformas digitales y redes sociales es incesante y casi voraz. Es decir, las audiencias ya pueden evaluar y opinar sobre los artistas de manera directa y hasta interactiva durante sus conciertos. Pasando de ser un grupo tradicional de espectadores sentados en una sala de conciertos, a ser uno que desde la comodidad de su hogar, espera con ansias ver a un **artista** en escena desde la pantalla. Es por ello que las expectativas establecidas por las personas que asisten a este tipo de conciertos en dichas plataformas se han vuelto cada vez más difíciles de satisfacer.

En función de esta realidad, este libro busca recopilar todas esas nociones que generalmente escapan de nosotros, por ser un aspecto tan difícil de expresar por medio de palabras. La musicalidad y la habilidad de hacer música con un propósito interpretativo y artístico debería ser el enfoque final de todos los músicos. La ejecución de un instrumento va más allá de una mera representación mecánica de todos los elementos que en conjunto producen sonidos. Como se indicó en la lección del Maestro (referida anteriormente), se trata de «*¡Escuchar con los oídos y también con el alma!*», porque las percepciones van más allá de la *aiesthesis* griega, la posibilidad ontológica y ética de conectarse con los valores espirituales que cada persona posea.

Los fundamentos técnicos son necesarios para la producción correcta del sonido y la adecuada ejecución del violín. Sin embargo, un fragmento musical sin contenido interpretativo o propósito musical es la representación de un arte sin alma que deshonra la historia de vida del compositor.

Cuántas veces nos hemos preguntado a nosotros mismos ¿Por qué toco el instrumento que toco? ¿Cómo describiría mi arte? ¿Dónde está mi sonido? ¿Qué hace especial lo que hago? ¿Qué estoy esperando en retorno? ¿Cuáles son mis aspiraciones a futuro? ¿Es mi deseo aportar algo? ¿Qué puedo compartir con la gente a través de mi arte que sea totalmente único?

Estas inquietudes son esencialmente filosóficas, es decir, desde la comprensión profunda del ser. Sin ellas u otras similares, no se puede alcanzar la trascendencia a nuevos niveles ontológicos que posibiliten lo que está más allá de la música e incluso de las artes. Obtener una vida plena donde cada uno pueda comprenderse y encontrar la posibilidad de servir a la humanidad. El propósito de un músico no es fundamentalmente la música, sino vivir en armonía con el universo. La música o el arte, es solamente la vía para este propósito.

Ser un artista va más allá del reconocimiento dado por toda una multitud, es más que la fama y el título de «hacedor de un arte». Ser un artista es contactar con la esencia humana y expresar en sintonía con nuestro arte aquello que sentimos y que se percibe de forma única para cada ser humano. Es educar con un sentido de entrega que reposa sobre los filtros de cada individuo.

En muchas oportunidades, luego de un concierto otros músicos se me acercaron para hacerme saber lo que no les había gustado de la forma como había tocado.

Al principio solía frustrarme y sentirme muy mal. Me preguntaba el ¿por qué? ¿Qué habré hecho mal? ¿Por qué no les gustó, además de los errores obvios? Me esforzaba por satisfacer las expectativas de todos en el público y terminaba desgastándome intelectual y emocionalmente. Es por ello que cada vez que alguien asistía al concierto de alguna orquesta o solista y me comentaba que no le había gustado, sentía la necesidad de preguntarles el por qué.

La mayoría de las veces me respondían, ¡no sé! ¡Simplemente no me gustó! Con el tiempo entendí que si no hay una razón que pueda justificar la respuesta que damos con relación a aquello que percibimos, entonces el comentario que hacen sobre mi desempeño en el escenario o el de otra persona, no es un veredicto sobre si lo que se hizo estuvo bien o mal. Por el contrario, es solo la percepción individual del otro, que se expresa basado en su experiencia personal del momento. El caso de ser un artista, es que se nos ha confiado la responsabilidad de ser magos, hipnotistas, filósofos, maestros de vida, adivinos, historiadores, contadores de cuentos y además músicos. Si es cierto que el artista se debe a una audiencia, la realidad es que constantemente estamos en esa batalla interna por la autosuperación y la búsqueda incesante de satisfacer a la audiencia.

Esto se debe a la influencia de los nuevos estándares, las comparaciones y la creciente aparición de nuevos artistas aunado a la proliferación de músicos en el mundo y en todas las plataformas, desde la realidad ofrecida en la sala de conciertos hasta la interpretación de una orquesta virtual que muestra en escena a 80 músicos de 50 países diferentes, algo jamás antes visto y que solo es posible gracias a la era digital. Somos en palabras más crudas, un producto que provee entretenimiento. Un producto que se vende y de alguna manera nos da una forma de vida.

En el momento en que estamos frente a una audiencia existe cierto tipo de responsabilidad. Esto sucede porque esa es nuestra plataforma de creación. Afortunadamente para algunos y desafortunadamente para muchos otros, esta plataforma de creación es frente a miles de personas, convirtiéndola en una atmósfera que nos agobia constantemente.

Para ilustrarles, haré una comparación entre lo que significa ser un artista a través de la música Vs. uno a través de otros medios de expresión artística. El escultor esculpe en la tranquilidad, soledad o cálido paisaje que le rodea, al igual que el pintor, quien pinta usando sus herramientas en su propio espacio, el poeta escribe y el diseñador diseña. En el cine, por su parte, una escena es grabada una vez tras otra hasta que quien Dirige determina que la toma se queda. No hay una multitud a su alrededor, expectante ante su acción creadora y juzgando el desempeño de dicha expresión.

Por el contrario, la música es sin duda una forma de arte bizarra que ni siquiera produce una respuesta física. Somos magos e hipnotistas, tratando de producir una serie de emociones en la gente, por medio de la música y la creación de los sonidos. Mientras que, en la actualidad, las personas van a los conciertos con dos tipos de actitudes, una es la que lleva consigo una idea predeterminada de qué es lo que quieren escuchar y cómo lo quieren escuchar.

Esta tiene una expectativa específica y cuando el artista no la satisface, la reacción de la audiencia es básicamente: ¿Para qué vine? ¿Para qué gaste mi dinero en este ticket? ¡De verdad que le suena mejor en YouTube! ¡Seguro tuvo un mal día! ¡Creo que está perdiendo facultades! Es casi como ir al cine y volver a casa sin haber disfrutado la película.

La segunda es aquella audiencia que reacciona diciendo: ¡Fue impresionante! ¡No me estaba esperando eso! ¡De verdad que su interpretación me voló la cabeza! ¡Qué increíble! Sin embargo, para que esto suceda es necesario que las personas estén dispuestas a asistir al concierto por esa razón. Abiertos a tomar el concierto como una experiencia única y nueva.

Ser un artista, requiere visión de futuro, es necesario saber qué proyectos y actividades están por venir. El violinista que ejecuta un concierto de Sibelius, no es el mismo artista que se muestra en escena tocando un trío de Bartok o un cuarteto de Beethoven, no es el mismo que se para frente a una clase de 50 personas a dictar una conferencia o impartir una masterclass. Es aquí donde la personalidad del artista lo hace único, aun cuando su descripción, percepción y juicio está en los ojos del espectador.

Las limitaciones del artista

Más del 30% de los estudiantes que me buscan como maestro vienen a la clase con preocupaciones técnicas porque algo no les sale bien, porque recibieron malos comentarios acerca de sus más recientes presentaciones, o porque simplemente consideran que no pueden asumir con eficiencia un pasaje técnico-musical. Una de mis estrategias ha sido *hacer uso del cuestionamiento como una herramienta para descubrir el tipo de limitación* y posteriormente darles la oportunidad de superar por ellos mismos la barrera.

Usualmente les pregunto, ¿has logrado tener éxito anteriormente con pasajes técnicos de este tipo? ¿Te has sentido satisfecho en el pasado con una experiencia solista en el escenario? Por fortuna, todos me responden que sí. Entonces, procedo a preguntar ¿Qué te lo impide en este momento? Esta temática es sin duda un problema de creencias y limitaciones, que se presentan primordialmente por la forma en la que piensan.

Al trabajar con creencias limitantes, debemos centrar la atención en eso que deseamos modificar. De modo que el siguiente paso sea volvernos conscientes de todo aquello que obstaculiza el camino, ya sea un agente externo como el señalamiento, las circunstancias y las personas. También puede ser un agente interno, como las inseguridades, el miedo, el conformismo, el pesimismo y la indisciplina.

En cualquier circunstancia, sugiero hacer un inventario de todo eso que creemos afecta de forma positiva o negativa lo que hacemos, ya que al reconocerlo comenzaremos a transformarnos, reprogramando de esta forma la manera en la que pensamos. El inventario es una herramienta útil que permite hacer un balance de lo positivo y negativo que exista en tu práctica y, a partir de allí, hacer los ajustes pertinentes al caso. Ejemplos de cómo hacer metódicamente este inventario, se ubicará en la «Rueda de desempeño», ubicada en la tercera parte de este libro.

Es muy importante *romper con los pensamientos negativos*, porque son limitantes. Para empezar, vencer aquellos pensamientos relacionados con la palabra. Aquellos que provienen del interior, y te hacen sentirte objeto de crítica y humillación, esos que constantemente se transforman en un agente instalado en tu ser y te taladran la cabeza susurrando ¿Y si

65

toco mal? ¿Qué van a decir de mí? ¡Lo voy a echar todo a perder! ¡No puedo hacerlo! ¡Tengo miedo! Recuerda que la única barrera que tienes en este punto del aprendizaje, eres tú mismo.

Posteriormente, aprende a filtrar aquello que te dicen. El *feedback* es la respuesta al estímulo que has causado con eso que se hace. Es por ello que la réplica puede ser positiva o negativa. Sin embargo, es muy importante que te recuerdes a ti mismo que no siempre todo será malo o bueno. También, es trascendental tener presente que todo pasa, ya sea bueno o malo; por ese motivo si causas buena impresión tómalo con calma y serenidad; asimismo, si no es una experiencia positiva, de la misma manera asúmelo con serenidad para cambiar lo que puedas corregir y aceptar aquello que no se pueda, lo cual requiere la sabiduría para reconocer una y otra.

Debes tomar aquello que te beneficia y, sobre todo, filtrar aquello que no lo hace. Cuando alguien te ataca o te critica, realmente no lo hace con base a lo que hiciste sino a la percepción personal que tiene de ti y de eso que hiciste. Finalmente, la crítica destructiva es una proyección o reflejo de las carencias del otro representadas sobre ti.

Trabaja por ser mejor cada día, enfócate y esfuérzate, plantéate nuevos retos. No dejes que tu mente se centre sólo en eso a lo que llamamos la técnica. Como violinista y maestro estoy consciente de lo importante que es, y créeme he tratado de ser perfecto muchas veces. Sin embargo, cuanto más trabajo por no ser perfecto, me convierto en un ser más feliz y mejor me hago tocando el violín.

Me he demostrado que la búsqueda de la perfección no está relacionada a cuan mecánico o técnico se toca, sino a que tan maduro y consciente soy de lo que toco. La técnica está al servicio de la musicalidad. Es una herramienta que construye la brecha entre el espíritu y el propósito de la música. La música está en lo sublime del alma y del mensaje que se establece al coadyuvar a construir al universo, por medio de seres humanos más plenos, porque son felices al avanzar en el dominio de la técnica, pero sobre todo en la comprensión filosófica de la música para la vida.

No te autoflageles si no es perfecto en este momento. Trabaja por ello y con el tiempo verás que el camino es cada vez más corto y tu ejecución más cercana a la excelencia, diferente referirse a una ejecución cero errores que a una honesta. La primera refiere al dominio de las técnicas, lo segundo a la trasmisión que hace sentir, vibrar y estremecer a un público determinado.

El desarrollo y la maestría de un arte toma tiempo, este proceso requiere no sólo de disciplina y dedicación sino de una mano amiga que pueda acariciar el valor positivo de eso que haces. Es por ello que le agradezco a mis maestros por ser mis guías, mis mentores y sobre todo a mi familia, el pilar fundamental de mi crecimiento artístico.

La música como método de liberación espiritual

La tarea de un músico es para mí la recreación del alma y el espíritu tanto de quien ejecuta la música como de quien la percibe, como expresó Yehudi Menuhin *«vivir a través de la música es como vivir en una familia de relaciones temporales que corresponden a los estados físicos del cuerpo y las emociones».* El estado emocional que se expresa para conjugar lo experiencial con lo sublime del alma.

Al analizar la profundidad de esta increíble frase, quizás se penetre en un tema que relaciona la música clásica con todo lo que hacemos y somos. De forma holística, parece dejar claro el maestro Menuhin lo intenso, dinámico, volátil y hasta devastador que puede ser vivir a través de la música.

Para el intérprete, la comunicación con el oyente es una de las experiencias más satisfactorias de la vida, pues si se establece una atmósfera de serena aceptación, el auditorio puede quedar suspendido en ese estado de ánimo durante unos minutos, así como sucede en el movimiento lento del concierto para violín en D mayor de Beethoven. Sensación que tuve el privilegio de vivir como músico al ejecutar dicho concierto. Finalmente, cuanto más numerosos son los oyentes en la audiencia más intensa es la sensación.

Así como el maestro Menuhin, también comparto la idea de que nunca los grandes intérpretes del violín son los responsables de la música, los que dirigen a los oyentes o los presionan, más bien son el medio por el cual se crea un ambiente de meditación emocional mutuo entre el intérprete y el espectador, logrando así cautivar los sentimientos más profundos del alma del ser humano.

La música es tan poderosa que tiene por sí sola la capacidad de traer a la mente un sinfín de imágenes sensoriales como el sabor de un rico postre, los colores del arcoíris o de una hermosa pradera, la textura de una superficie áspera como la lija o la suavidad y delicadeza de una seda, la sensación de un frío escalofriante o un calor infernal, o la refrescante agua del riachuelo de la ciudad natal. Cada una de estas emociones, traen como consecuencia una reacción única y específica en cada individuo, formando parte de nuestro recuerdo, de todos esos momentos buenos o no tan buenos que forjan nuestra personalidad.

Y que cosa más pura y gratificante, que alimentar cotidianamente nuestro espíritu a través de la música de nuestro propio trabajo, el cual deja de ser una obligación laboral o académica para convertirse en un estilo de vida, en una forma de afrontar lo que somos. Labor que es nuestra pasión sin importar las dificultades o los pasillos oscuros en los que nos encontremos. Es la dedicación y la apertura del pensamiento lógico y sensitivo, lo que nos convierte en seres más humanos.

Finalmente, el proceso de liberación espiritual se desarrolla y madura con el tiempo. Sólo cuando el individuo llega a dominar su mente y así mismo el instrumento, encuentra un estado de paz interna, se puede decir que estamos liberando el alma o alimentando nuestro espíritu.

¡Pero cuidado! Esto no está relacionado a cuán perfecto tocamos o que tan virtuoso somos, es simplemente la relación que existe entre nuestro nivel de satisfacción interno y el nivel de consciencia y pensamiento que tenemos por el arte que desempeñamos.

El arte de dar y recibir – Diagrama del concierto

Al momento de entrar en contacto con el público o audiencia, tendemos a sentir una responsabilidad inmensa sobre nuestros hombros. Usualmente creemos que como artistas y músicos tenemos la tarea de direccionar a nuestra audiencia a vivir una experiencia musical con nosotros y la realidad es que, como comunicadores de un arte, nuestro trabajo es el de ofrecer un ambiente donde sean ellos los que puedan guiar y emprender su propio viaje. ¿Y por qué es esto tan importante? Pues se debe a que cuando tratamos de convencer a la audiencia haciendo lo que ellos quieren escuchar estamos simplemente renunciando a aquello que nosotros queremos transmitir. Una interpretación honesta, lógica, creativa e individual es la clave que

permite esa conexión entre quien escucha y el artista. Lo que escucho ----
- Lo que siento ----- Lo que la audiencia me transmite ----- ¿Cómo
reacciono ante ello?

Como seres espirituales todos necesitamos de cierta conexión con
nuestro entorno. En el ámbito musical esta conexión se establece con
nuestras audiencias, estudiantes y sobre todo con nosotros mismos. En
mi sentir muy personal e íntimo, el arte de dar y recibir se refleja en la
capacidad que tenemos de reconocer nuestro rol en la vida de otros para
que con la humildad suficiente y una mente abierta podamos reconocer el
rol del otro en nuestras propias vidas. Una vez que alcanzamos este
estado de consciencia la creación musical, el vivir a través de la música y
el expresar quienes somos a través de nuestro propósito de vida nos lleva
a transitar dicho camino de forma plena y más feliz.

Lo que el cuerpo calla

*E*l *Músico que no escucha el llamado de su cuerpo permanece
inválido ante tal desequilibrio.* Basados en los conceptos de la
enseñanza tradicional del violín, hemos asumido que nuestro
cuerpo actúa sólo como un soporte para el violín, cuando la verdad su
función es mucho más compleja. Nuestro cuerpo es un contenedor de
información sensitiva, altamente comunicativa, que se expresa por medio
del síntoma. El cuerpo contacta directamente con el exterior, canaliza y
transforma todas las dolencias causadas por el mal uso de nuestros
recursos físicos en la ejecución de cualquier instrumento.

Es de valientes asumir que la responsabilidad de nuestra ejecución, no
depende solamente de las cualidades de nuestro instrumento, sino
también de qué tanto conocemos nuestro cuerpo, ese yo interior
confundido que en ocasiones reprimimos por miedo al cambio. La piel es
la alfombra que suspende el instrumento sobre el cuerpo, y expande
todas las posibilidades alertadoras. Escuchar el llamado de nuestro
cuerpo no es más que atender al síntoma, reconociendo la causa y
haciendo consciente la existencia de un malestar físico.

Este malestar debe atenderse y solucionarse, puesto que postergar el
dolor o la incomodidad solo será la fuente creadora de más problemas,
los cuales son imposibles de resolver si no hacemos un cambio o
tratamos de identificar las causas, y menos cuando no poseemos un
conocimiento previo y propio de nuestro cuerpo o incluso el violín. Uno

de los problemas más comunes relacionados al manejo de nuestros recursos físicos es la focalización de tensiones.

A raíz de un problema técnico, desarrollamos un sistema de alerta que contrae nuestros músculos, focaliza la tensión y transmite el estrés mental a nuestro cuerpo. Es muy común verme tocando un pasaje de alta dificultad técnica y al mismo tiempo comprimir la mandíbula, subir los hombros, detener la respiración, cerrar los dedos de los pies o incluso elevarme en puntillas.

Recuerdo que cada vez que esto sucedía, mi maestro me decía «relájate», «puedo ver la tensión en tu cara, en tus hombros, en tus pies». Sin duda un maestro muy observador. Sin embargo, personalmente no podía identificar qué era lo que estaba haciendo, puesto que mi mente estaba enfocada sólo en «tocar». Ni siquiera podía sentir la tensión de la cual él hablaba. Y eso sucede porque la mente trabaja de forma muy inteligente, ella transmite toda la información mecánica de la ejecución a las manos, pero el estado emocional y de consciencia se ve reflejado en el cuerpo.

En cierta forma, la ayuda de un maestro es reveladora en este proceso de reconocimiento interior y exterior. Si el profesor actúa como reflejo del estudiante, apartando el violín de su cuerpo y mostrándole cómo mantener el dominio de sus recursos físicos. El alumno desarrollará la capacidad intelectual y sensorial que le permita evaluar lo que está haciendo su cuerpo: ¿Cómo me siento?

En ocasiones la percepción negativa del logro es el primer obstáculo en el desarrollo del equilibrio físico y mental, un simple gesto de imposibilidad o una expresión de desánimo, son suficientes para condicionar a través del pensamiento al cuerpo, privándolo de desenvolverse sin problema en la ejecución del instrumento.

Éxito en el escenario, la lucha entre preparación y fortaleza mental

En mi experiencia, cada día de estudio, cada clase y cada concierto han sido una vivencia única. *Es un privilegio tener la oportunidad de transmitir aquello oculto detrás de la música.* Sin embargo, no siempre he sido exitoso en la forma en la que llevo todos esos elementos al escenario. En más de una ocasión mis conciertos no han sido para mí lo que esperaba. Bien sea porque algo sucede durante mi ejecución, pierdo la concentración o simplemente, algún pasaje técnico no me salió. El resultado de estas emociones produce una frustración inminente. Siempre en una constante búsqueda de respuestas me dije a mí mismo:

— *¡Bueno! Si estudio más y perfecciono los detalles técnicos y los mecanismos con los que me desempeño, de seguro evitaré esos errores la próxima vez.*

Sin embargo, esas estrategias no daban resultados. Veía con alegría como en las clases dichos pasajes salían correctamente y parecía que tenía el control de lo que hacía. Y si esto sucedía en casa, en la clase o en el salón, ¿por qué era totalmente diferente en el escenario? Adicionalmente, me preguntaba entonces ¿Por qué en las clases y en las horas de estudio si fluyen los sonidos? ¿Por qué en los conciertos no? Siempre llegaba a la conclusión de que era falta de preparación técnico-musical para afrontar el concierto.

Más, con el paso de los años y el aprendizaje adquirido de mis maestros, comencé a darme cuenta que el problema radicaba en la preparación mental y la percepción que tenía de mí mismo al momento de tocar. Existía un estudio ferviente del violín, pero *no existía una preparación psicológica, emocional y espiritual con la cual afrontar el momento único llamado concierto.* Y esta es sustancialmente importante.

Esta preparación, a simple vista, luce un poco mística y esotérica. Sin embargo, no es más que comenzar a entender la forma en la que sentimos, pensamos y actuamos a través del lenguaje al momento de estar de pie en el escenario. Con frecuencia, cometemos el error de salir al escenario y tocar aplicando todos los recursos que consolidamos en la práctica, pero, la realidad es que al momento de estudiar sabemos de manera inconsciente que si fallamos tenemos la oportunidad de parar y corregir el error.

Como resultado, se crea una rutina de ensayo y error que se fortalece y se desarrolla en el transcurso del tiempo. Sin embargo, nunca nos preguntamos si la forma en la que estudiamos será beneficiosa al momento de estar en el escenario. Sabemos que gracias a ella podemos tocar el repertorio, pero, ¿es esto garantía de que los resultados serán los esperados? ¡He aquí la respuesta! La preparación mental, física y espiritual para un concierto debe ser puesta en práctica, incluso durante las horas tradicionales del estudio individual.

Es fundamental, ser conscientes de reservar un segmento de tiempo para ejecutar lo que sea que estemos tocando desde una perspectiva de concierto, durante las horas de práctica. Eso quiere decir, tomar un fragmento del concierto, pieza u obra que estemos tocando y mentalizarnos en ejecutarla desde el comienzo hasta el final sin equivocaciones. La repetición continua de este proceso en el cual no se nos permite cometer errores de índole técnica, mecánica, de postura o incluso de propósito musical e interpretativo, fortalecerá la estructura integral del repertorio, incrementando así las probabilidades del éxito, la resistencia física y la satisfacción emocional.

Finalmente, el éxito obtenido durante la práctica impulsará las habilidades críticas del violinista y desarrollará un nuevo ser pensante, que estructurará su tiempo más allá de una práctica repetitiva, hacia una donde el estado de consciencia y la concentración serán la base fundamental de dicho proceso.

Diagrama del estudio efectivo

Este diagrama está basado en un sistema metacognitivo, que provee al estudiante de una serie de pasos lineales que le permiten entender el flujo del aprendizaje al momento de estudiar.

Estaciones del diagrama:
1. La organización.
2. La elaboración.
3. La intención.
4. El ensayo.
5. La atención.
6. La evaluación.
7. La estrategia afectiva.

Cada estación tiene una función y responsabilidad específica. El estudiante no puede pretender llegar a un proceso de evaluación en la estación número 6, sin haber pasado por las 5 anteriores. Es por ello que denomino este diagrama como un sistema metacognitivo, ya que quien lo aplique deberá respetar cada paso del mismo para poder conducir su aprendizaje de forma correcta y efectiva.

Tiempo ------ Me Organizo ------ Espacio

Estrategia ------ Elaboro mi Plan ------ Metodología

¿Qué busco? --- Mi intención – Mi propósito --- ¿Qué quiero?

Práctica ------ Ensayo ------ Repetición

Desarrollo de la memoria ------ Me enfoco ------ Canalizo el conocimiento

Pensamiento autocrítico ------ Evalúo – Analizo ------ Conduzco mi aprendizaje

Enfoque afectivo ------ Solvento los obstáculos ------ Limitantes emocionales

En resumen, la aplicación de este diagrama es el siguiente: Me organizo, es decir, escojo el lugar y el tiempo que le voy a dedicar a mi estudio. Elaboro un plan de trabajo con estrategias que me provean de un método efectivo con el que pueda obtener resultados rápidos. Ensayo, estudio y practico, a través de un sistema de repetición que me permita afianzar eso que quiero.

Me enfoco, dejo el celular a un lado y todo agente que pueda distraerme, desarrollo la memoria y canalizo toda la información que estoy recibiendo para luego convertirla en conocimiento asimilado. Evalúo y analizo los resultados obtenidos y de forma crítica, mido mi desempeño durante el estudio. De esta forma, conduzco mi aprendizaje hacia las áreas de mi interés y no pierdo tiempo en cosas que no son productivas o que ya sé.

Cabe destacar, que la aplicación de este diagrama es altamente efectiva cuando sabemos en qué mano concentraremos nuestra atención y el por qué. A continuación, compartiré mi estrategia personal para la implementación de las estaciones 2 a la 5.

Siempre insisto en la atención absoluta hacia el punto de contacto y la producción de sonido como fuente de la voz en el violín. Es por ello que tomando este aspecto como punto de partida estas son algunas de las preguntas reflexivas que me hago a mí mismo y a mis alumnos al momento de estudiar y aplicar este diagrama de estudio, específicamente en la elaboración del plan, el propósito y el ensayo.

Del arco

§ Exactamente, ¿en qué parte del arco comienza el ataque?

§ ¿Dónde termina en el arco?

§ ¿Qué tan cerca del puente toco? Se mantiene a la misma distancia durante todo el desplazamiento del arco, o debe acercarse, o alejarse del puente.

§ ¿Qué tan rápido es el desplazamiento del arco? Es uniforme, o rápido-lento, lento-rápido, lento-rápido-lento o rápido-lento-rápido.

§ ¿Cuánta presión? Es uniforme, continua, o pesada-ligera, ligera-pesada, ligera-pesada-ligero o pesado-ligero-pesado.

§ ¿Cuántas cerdas? Cerdas planas, media cerda, haciendo uso del *Role.*

De la mano izquierda

Así mismo, cuando hablamos sobre la mano izquierda nos encontramos frente a una encrucijada. Creemos de forma inconsciente que las notas y el sonido se producen con la mano izquierda, pero la realidad es que la magia del sonido proviene del arco. Ahora bien, para que exista un balance entre ambas manos estos son los elementos que debemos tomar en consideración:

§ La relajación general del pulgar y la presión mínima de los dedos.

§ Las diferentes formas de la mano y los dedos en diferentes posiciones y en diferentes cuerdas.

§ ¿Cuándo mantener los dedos sobre las cuerdas y cuándo levantarlos?

§ La velocidad del dedo en movimiento en relación al mecanismo de desplazamiento.

§ La coordinación → la preparación de los dedos → la transición de mecanismos → con qué dedo cambiar, con qué arco cambiar, practicar las notas intermedias.

§ La velocidad y la anchura del vibrato, en qué parte de la yema del dedo lo toco.

§ La atención incesante a la entonación o afinación - memorizar la sensación de la mano y el dedo en cada nota, comprobar las notas con cuerdas al aire y pensar en las estructuras de los intervalos mientras ejecutamos cada nota.

Estrategias para las estaciones 6 y 7.

Ensayo mental

El estudio del violín no tiene nada que ver con entrenar los músculos. Los músculos son siempre los mismos, simplemente se encargan de seguir las instrucciones del cerebro. En mi experiencia tocar es literalmente un proceso que yace «en la mente». Podríamos ilustrar esto de forma práctica de la siguiente manera: supongamos que leemos una pieza a primera vista, tocando muchas notas falsas, con problemas de sonido, ritmo, entre otros. Luego la estudiamos durante un período de 2 o 3 horas, después de las cuales podemos tocar la pieza con fluidez. ¿Qué ha cambiado? Físicamente no hemos cambiado en absoluto. No es como hacer ejercicio en un gimnasio durante un mes. Por el contrario, en el violín, lo que ha cambiado es nuestra imagen mental de la obra, de lo que escuchamos y de cómo lo tocamos. En esencia, el ensayo mental es un proceso cognitivo que consiste en visualizar en detalle exactamente el cómo queremos tocar. Dicho proceso ocurre en la mente y está concatenado a la consciencia auditiva y emocional. Es decir, lo que escuchamos y sentimos se convierte en una idea y esta idea se transforma en la información que luego será trasladada al violín de forma mecánica.

De hecho, la práctica o ensayo mental funciona también como una estrategia para solucionar obstáculos o problemas como la ansiedad y el nerviosismo. Cuando estamos nerviosos, nos imaginamos vívidamente lo que no queremos que pase. Muchos de nosotros hacemos un esfuerzo por no pensar en esas imágenes aterradoras de nuestro próximo concierto, recital, audición, o examen de violín, pero esta estrategia no es la mejor al momento de afrontar este problema. Tenemos que reemplazar lo negativo con las imágenes claras, precisas y detalladas de lo que queremos que suceda. Es decir, PLANEAR la ejecución, incluir el diseño musical, desde el principio hasta el final de cada nota y de cada frase, así como los gestos y mecanismos físicos que las producen. Este proceso es como ver una película, ya pre producida de nuestro propio concierto.

Lo fascinante del ensayo mental es que vemos con nuestro tercer ojo (ojo mental), exactamente lo que queremos que suceda, permitiéndole a las manos que hagan lo que ya le hemos enseñado, y a nuestra mente y corazón, el vigilar lo que sentimos y la congruencia entre los mecanismos.

Finalmente, la integración de estos aspectos, ya sean de índole técnica o psicológica, nos permiten ir dejando a un lado las limitantes emocionales o motivacionales aplicando de forma proactiva una actitud que sea beneficiosa para nuestro estudio y regalándonos un momento para descansar e internalizar todo eso que aprendimos. A este mecanismo le llamo, una *nueva fórmula de estudio*, una en la que escuchamos, pensamos y sentimos de forma simultánea para hacer de nuestra práctica una experiencia sensorial, cognitiva y emocional.

Convirtiéndome en el mejor maestro

Las crónicas de un proceso complejo y paradójico

Al abordar este tema tan íntimo y único, el estilo de enseñanza de cada maestro, debemos remontarnos históricamente a los métodos tradicionales de las primeras escuelas de violín, como por ejemplo la italiana, franco-belga, alemán, rusa, húngara, checa y sus parientes más contemporáneos, las escuelas en EE.UU., Asia o, así como El Sistema Nacional de Orquestas y Coros Juveniles e Infantiles de Venezuela.

Como producto del programa El Sistema Nacional de Orquestas Venezolano, uno de los privilegios más notables ha sido estudiar desde temprano con reconocidos pedagogos de la música, como José Antonio Abreu, Luis Miguel González, Roberto Zambrano, José Francisco del Castillo, Holger Barón y más recientemente en los Estados Unidos con el maestro Sergiu Schwartz.

Existen muchos argumentos sobre la «metodología secuencial para elegir el repertorio de un estudiante»; sin embargo, en mi experiencia, no solo como profesor de violín sino también como Coach Neurolingüístico, he visto un impacto sumamente positivo cuando se toman en cuenta los aspectos cognitivos, físicos, emocionales y humanos de cada uno de los estudiantes al momento de asignar repertorio.

Cada uno de nuestros alumnos es un individuo único, de diferente origen y procedencia. Es muy importante que como maestros logremos identificar y, sobre todo, tomar en cuenta las edades, la cultura, el idioma y las capacidades no solo físicas sino de carácter y personalidad que yacen en el interior de nuestros estudiantes.

Cuando tenemos la oportunidad de trabajar por primera vez con un estudiante, es importante que sepamos escuchar de forma activa y utilicemos todos nuestros sentidos para recopilar la mayor cantidad de información posible.

1. Carácter del estudiante.
2. Habilidades intuitivas y de análisis tanto musical como intelectual.
3. Conexión emocional y mental con la música.
4. Lenguaje verbal utilizado para describir y responder a las preguntas realizadas por el maestro.
5. Lenguaje corporal y gestual.

En la constitución de una base sólida en la formación de mis estudiantes, luego de que existe un orden y conocimiento básico del mismo, me esmero por seleccionar en las primeras etapas repertorio violinístico (escrito por violinistas), que les permita de forma pedagógica aprender los mecanismos del violín desde una perspectiva más natural. Entre dichos compositores uso con frecuencia Dounis, Sevcik, Haydn, Kreisler, Vivaldi, Viotti, Kreutzer, Rode, Dont, Gavinies, Dancla, Wieniavski, Vieuxtemps, Paganini, e Ysaye.

Al asignar obras de mayor complejidad como las 6 Sonatas y Partitas de Bach o pertenecientes al lenguaje no violinístico como Mozart, Beethoven, Bruch, D'vorak, Brahms o Debussy, tengo en cuenta los elementos más profundos de las obras, tales como la armonía, sonoridad, tipo de color de sonido, el vibrato, las arcadas, entre otros. Características que están presentes en el repertorio de todos los compositores, pero que no son obvias o fáciles de procesar para nuestros estudiantes.

Cuando hablamos sobre **sonido,** siempre encuentro un momento adecuado para asignar repertorio destinado al desarrollo de la coordinación de ambas manos, con el propósito de incrementar el control del arco y agilidad de los dedos. Un balance entre la producción de sonido (el arco) y las notas (la mano izquierda), se logra a través de obras mayormente del período romántico.

Por ejemplo, cuando uno de mis estudiantes está aprendiendo a vibrar en el violín, busco repertorio que posea grandes secciones melódicas y que a su vez promuevan el *Legato* y el *Detaché*. De esta forma, la obra se convierte en un punto de partida para la integración de ambas manos, sabiendo que el sonido se produce desde el arco y se embellece desde la mano izquierda.

Por otro lado, cuando el estudiante muestra un nivel de conciencia violinística más avanzado, busco asignar repertorio destinado al desarrollo y madurez a profundidad de la musicalidad. En este punto, la mejor estrategia es hacer uso de las sonatas para violín y piano, que les permite a mis alumnos incursionar en la música de cámara y desarrollar esa relación intrínseca entre el piano y el violín, el acompañamiento y la voz principal, la melodía, el ritmo y la armonía.

Así mismo, cuando comienzo a ver los destellos en la identidad sonora de mis estudiantes, busco un repertorio que facilite el desarrollo de la producción de un sonido que emula al canto. Esto lo logro por medio de la asignación de repertorio operístico, que hace uso de las transcripciones de Dancla, Vieuxtemps, Massenet, Spohr, Paganini, Sarasate, Hubay, Kreisler, Gershwin, las transcripciones de Heifetz del Ave María al folclore estadounidense, o Vocalize de Rachmaninov, procuro crear una oportunidad para mis estudiantes de «*Encontrar su voz interior*».

Cabe destacar que mi propia interacción con el gigante del violín, Sergiu Schwartz moldea aún más mi comprensión de los estilos y el abordaje de los diversos repertorios. Mi maestro y mentor siempre pone la integridad y el estilo del compositor, por encima de su asombrosa imaginación e individualidad interpretativa. Este es un credo que también cumplo cuando asigno diversos repertorios y ayudo a mis estudiantes a lograr lo mejor.

Así mismo, me esfuerzo por desarrollar espacios donde mis alumnos compartan su interés por la literatura del violín y pedagogía del violín, uno de los elementos más importantes en la construcción de un músico integral. Gracias a estos espacios de formación, aunados a la implementación de repertorio intencional, mi filosofía de enseñanza promueve un aprendizaje holístico que va desde la ejecución del violín, pasando por un viaje a través de la historia, hasta finalmente llegar al reencuentro con el ser interior.

El aprendizaje integrado

Al momento de aplicar estas estrategias, debemos estar conscientes de que este es un entrenamiento de autodesarrollo y crecimiento, donde tomaremos el rol de maestros y estudiantes, dependiendo del caso.

Los 3 saberes

SABER, SER: Es la parte de las emociones encargada del desarrollo humano, que como aprendices adquirimos durante nuestra formación. Tiene como propósito enfocarse en la consolidación del ser y así permitirle a cada estudiante elaborar estrategias propias para direccionar sus emociones.

SABER, APRENDER: Es la parte cognitiva encargada de los conocimientos, que el aprendiz adquiere en toda su formación. La idea innovadora del aprendizaje centrado en el estudiante, le sitúa como participante activo, y no pasivo, en el proceso de enseñanza/aprendizaje, es decir el estudiante es el encargado de guiar su aprendizaje (interno) mientras que el maestro es el encargado de direccionar el camino (externo).

SABER, HACER: Es la parte de la aplicación, encargada de la práctica que el aprendiz realiza una vez posee los conocimientos. Tiene como propósito la creación de planes de acción, que puedan facilitarle al estudiante e incluso al maestro el alcance de metas nunca antes vistas.

La enseñanza no es un proceso lineal que nos lleva a la obtención de un solo resultado. Por el contrario, dicho proceso es como un sendero de 3 rutas. Dichas rutas están relacionadas a la capacidad que tienen nuestros estudiantes de entender qué hacen, cómo lo hacen y para qué lo hacen aunado a la forma en la que como maestros hacemos llegar el mensaje.

Una vez determinado el estado actual del estudiante, gracias al proceso mencionado anteriormente, procedemos a implementar los 6 niveles del aprendizaje integrado.

1. Diagnóstico: nivel de ejecución, necesidades, metas y proyectos a futuro.
2. Entendimiento: comprensión del ¿qué?, ¿para qué? y ¿cómo?
3. Aplicación: experimentación, causa y efecto, la búsqueda de resultados.
4. Análisis: el desarrollo de la capacidad de procesar y verbalizar los resultados. Una acción que lleva al estudiante a convertirse en un multiplicador de lo aprendido.
5. Reflexión: consideración de los resultados.
6. Creación: elaboración de estrategias y nuevos mecanismos para el futuro.

El rol de las emociones en el proceso del aprendizaje musical

Como maestros de música, tradicionalmente se asume que el manejo de las emociones no constituye uno de los objetivos primarios en el desarrollo de una clase instrumental. Sin embargo, no podemos darnos el lujo de ignorar los aspectos emocionales en el comportamiento de nuestros estudiantes, sobre todo cuando estos los conducen a estados de bloqueo, que dificultan excesivamente la producción de los cambios buscados.

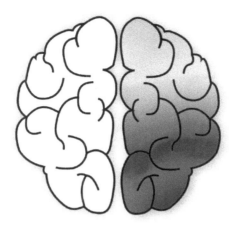

El manejo constructivo de la emoción

Desarrollar sentimientos positivos en nuestros estudiantes y en nosotros mismos tiene como propósito la coherencia emocional, que nos brindará bienestar físico y mental. Como resultado, la experiencia del aprendizaje se vuelve una vivencia positiva, que cataliza el alcance de las metas.

Si bien es cierto que muchos de nosotros en el rol de estudiantes o maestros, reprimimos nuestras emociones o no las reconocemos, y a menudo negamos nuestros sentimientos, hasta el punto en el que no contactamos con lo que realmente sentimos.

Nathaniel Branden argumentó que «cuando se deja de saber lo que se siente, se deja también de experimentar todo cuanto resulta significativo para la persona».

Desde una perspectiva mucho más práctica, mis recientes descubrimientos me han llevado a construir para mis estudiantes un esquema que les permite ver cómo su estado anímico afecta la ejecución del instrumento.

Emociones – Cuerpo humano.

Si se reprimen → Tensión y ansiedad.

Emociones – Mente y alma.

Si se reprimen → Sentimientos negativos, penuria, desesperanza.

Entonces bien, imaginemos por un momento a ese estudiante, que aún en uso de todas sus facultades físicas no es capaz de sobrellevar un pasaje técnico y de alta dificultad. Como profesores y grandes buscadores del por qué, cometemos el error de bombardear a nuestro estudiante con mecanismos técnicos y/o elementos mecánicos para que logre salir adelante con el pasaje. Pero, ¿y si ya posee los recursos técnicos y hay algo más que no estamos tomando en cuenta?

Cada pasaje técnico-musical produce una reacción diferente en el comportamiento de nuestros estudiantes. Los pasajes de gran velocidad por naturaleza crean tensión en el cuerpo y si, a ese aspecto físico, le sumamos que al reprimir las emociones el cuerpo reacciona con tensión y ansiedad, la mente y el alma con sentimientos negativos y de penuria, entonces podemos determinar que la falta de balance entre el aspecto físico y emocional son potenciadores de la frustración y el fracaso.

Es por ello que, observar la reacción de nuestros estudiantes ante las diversas secciones de música mientras tocan, nos permite determinar el tipo de dificultad a la que se están enfrentando.

Todos nuestros estudiantes tienen personalidades particulares, con temperamento y carácter específicos, de hecho, cada uno de ellos es un universo fascinante el cual tenemos la oportunidad de explorar. Por ende, podríamos señalar dos grandes categorías para englobar de forma práctica dos tipos de estudiantes.

El estudiante reactivo Vs. El estudiante proactivo

Reactivo: Se queja de las circunstancias. Usualmente reacciona de forma pesimista y dramática ante el fracaso y que, además, pone la responsabilidad en los otros. Frases comunes: ¡No puedo hacerlo! ¡Es que usted no sabe lo difícil que es tocar ese pasaje! ¡No importa cuánto estudie siempre voy a tocar mal! ¡Mi maestro no me sabe enseñar! ¡Es que hoy llovió y no me suena bien! ¡Maestro, es que las cuerdas están vencidas! Así mismo, este tipo de estudiante se enfoca en aspectos desligados de la realidad musical para sustentar su falta. Por ejemplo, la política, el clima, la economía, lo que piensa, los errores de otros.

Proactivo: No se quejan de lo que no pueden controlar, se enfocan en lo que sí pueden controlar, sus actitudes, hábitos, educación y entusiasmo. Usualmente, este tipo de estudiante se mantiene en un continuo cuestionamiento y fundamenta su relación con el maestro de una forma más dinámica y asertiva. Por ejemplo: Maestro, ¿cómo puedo desarrollar mi oído, al momento de afinar los pasajes con los que tengo mayor dificultad? Maestro, ¿podría explicarme nuevamente, podría mostrarme una vez más? ¿Creo que voy por el camino correcto, pero a veces me siento un poco perdido en la búsqueda de soluciones, podría facilitarme una estrategia más apropiada? ¡Sé que el pasaje es de alta exigencia, estoy comprometido a trabajar hasta lograrlo!

¿Qué hacer, creer, ante las emociones propias y del alumno?

Las emociones no son ni malas ni buenas, son naturales y necesarias. Por tal motivo, debemos permitir a nuestros estudiantes expresarlas y proporcionarles estrategias para canalizarlas, Y ser responsables al momento de notar que su desempeño musical comience a verse comprometido, por algún aspecto emocional, de la necesidad de buscar ayuda profesional.

Luego de atravesar una experiencia negativa o frustrante, es importante preguntarnos lo siguiente:

¿Qué siento?

¿Cómo me siento?

Haber fallado ¿Cómo me hace sentir?

Posteriormente debemos reflexionar, procesar y asimilar la emoción o el sentimiento.

¿Qué lo causa?

¿Qué hago al respecto?

Cuando no somos capaces de determinar la causa de nuestras emociones, existe una alta probabilidad de crear bloqueos y creencias limitantes no deseadas.

Como maestros, debemos enfocar nuestra atención en la búsqueda de soluciones y estrategias, que le permitan al estudiante y a nosotros mismos romper con cualquier pensamiento limitante.

¿Cuándo fue la última vez que le preguntamos a un estudiante cómo se sentía luego de experimentar algo con su instrumento?

Cuando el aprendiz es muy pequeño, somos nosotros quienes con nuestra intuición y experiencia guiamos al joven en su desarrollo. Sin embargo, una vez encaminado ese proceso es nuestra responsabilidad crear espacios de inspiración y motivación, que despierten el interés del estudiante hacia la búsqueda del qué y el para qué de las cosas. Eso es lo que llamo el autocuestionamiento positivo y proactivo.

La procedencia del problema:

Técnico → Relacionado al manejo de ambas manos.

Interno → Psicológico - ¿Cómo pienso? ¿Qué pienso?

Emocional → Cómo me siento, estado de ánimo.

Externo → El instrumento, las condiciones, falta de conocimiento, el clima.

Tengo la costumbre de hacer reflexionar a mis estudiantes, posteriormente a la finalización de una clase con las siguientes preguntas:

1. ¿Qué aprendiste hoy?
2. ¿Qué quieres aprender y mejorar para la próxima clase?
3. ¿Cuándo fue la última vez que hiciste _____ para mejorar _____?

Estas preguntas funcionan tanto en el ámbito educativo como personal y de autodescubrimiento.

Una vez que determinamos el problema, debemos enfocar nuestra atención en la búsqueda de soluciones que nazcan desde la necesidad del estudiante, y por supuesto, que con nuestra guía forjen un pensamiento crítico en la mente de nuestros estudiantes.

La rueda del desempeño

La rueda del desempeño, es una herramienta poderosa que nos permite medir el nivel de satisfacción general propio o de nuestros alumnos, después de cada concierto, recital o sesión de estudio. Partiendo de este principio, podemos decir que el equilibrio y la sana convivencia entre la técnica, la interpretación y la eficiencia, rigen el éxito de un concierto o performance.

Para comenzar definiré cada uno de los elementos que se ven proyectados en la rueda del desempeño, para luego desarrollar metodológicamente el funcionamiento y aplicación de dicha herramienta.

RUEDA DEL DESEMPEÑO

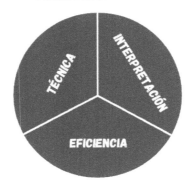

La técnica

Relacionada al dominio mecánico de ambas manos, hace referencia al funcionamiento, la coordinación y el engranaje, con el que ambas manos trabajan durante la ejecución del violín.

Diagrama de la técnica

Manejo del arco – Sonido – golpes de arco – matices – dinámicas – colores de sonido – articulación – distribución de arco – puntos de contacto – claridad y precisión – textura del sonido.

Mano izquierda – Articulación vertical – desplazamiento horizontal – cambios de posición – vibrato – combinaciones de vibrato – el chasis de la mano – extensiones.

La interpretación

Relacionada con la comprensión musical, expresiva, estructural y artística de la obra, hace referencia al nivel de entendimiento de la música en su forma más compleja. Más allá de la rítmica, la melódica y la armónica, es aquella que explora el fenómeno creador. La capacidad de unir la esencia del ejecutante con la historia, el contexto, y el trasfondo de la obra. Imprimiendo la identidad violinística del individuo, pero respetando el lenguaje escrito.

Diagrama de la interpretación

La expresión – idea musical – discurso musical – el fraseo.

El estilo – período – compositor – contexto – procedencia – vida y obra – historia y trasfondo.

El instinto musical – natural o educado – identidad y aplomo – sentimiento de seguridad – emoción – individualidad.

La eficiencia

Relacionada con la consciencia mental y física, que en conjunto elevan los niveles de eficacia y reducen los niveles de esfuerzo, trayendo como resultado un aumento significativo en el enfoque mental. Así mismo, agudizando la percepción y sensibilidad física, integrando la relajación absoluta como un estado de consciencia.

Diagrama de la eficiencia:

85

El estado de consciencia – Mental y física – el pensamiento, la lógica y el control – la relajación y la resistencia – ¿Qué veo? ¿A dónde veo? ¿Qué siento? ¿Cómo me siento?

El tercer ojo – Nivel máximo de concentración – piloto automático consciente.

Funcionamiento y aplicación

Esta técnica neurolingüística consiste en dedicarse un momento de reflexión a solas, luego de cada concierto o sesión de estudio, en donde podamos medir los resultados del trabajo artístico realizado. En una escala de porcentaje del 0% al 100% ponderaremos nuestro nivel de desempeño, para luego de forma estratégica crear un plan de trabajo, que permita mejorar esos aspectos que en nuestro proceso de introspección se mostraron deficientes.

Paso 1

Tomando lápiz y papel procedemos a dibujar un círculo, donde representemos en tres partes cada uno de los elementos mencionados anteriormente.

Paso 2

Procedemos a preguntarle al aprendiz o a nosotros mismos, del 0% al 100%.

    a. ¿Cuál fue mi nivel de desempeño en el escenario con relación a mi solvencia técnica (T)?

    b. ¿Cuál fue mi nivel de desempeño con relación a mi interpretación (I) de la obra?

    c. ¿Cuál fue mi nivel de desempeño con relación a la eficiencia (E) de mi ejecución?

Paso 3

Una vez determinados los valores o porcentajes, plasmamos las cifras numéricas dentro del círculo. Observamos la rueda desde una perspectiva disociada y nos preguntamos ¿Qué vemos? ¿Qué ves? ¿Hay balance? ¿Crees que la rueda podría rodar sin dificultad?

Ejemplo:

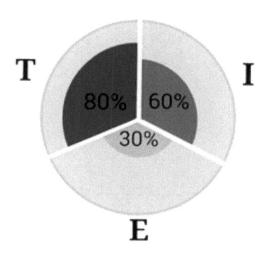

Paso 4

Haciendo uso del diagrama de contenido comenzamos a evaluar en detalle, y de manera específica, los aspectos que pudieron haber influido negativamente en nuestro desempeño.

¿Qué aspectos influyeron negativamente en mi desempeño técnico?

¿Qué aspectos influyeron negativamente en mi desempeño interpretativo?

¿Qué aspectos influyeron negativamente en mi nivel de concentración y eficiencia?

Anotamos de forma jerárquica las palabras claves, relacionadas a los agentes que pudieron influir negativamente en nuestro desempeño, en las líneas representadas a continuación.

De esta manera, se realiza de forma metódica, el inventario sobre las causas y cómo avanzar hacia la solución del problema.

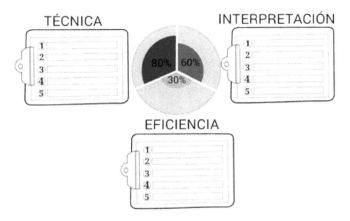

Paso 5

Una vez obtenidas esas palabras, a las cuales me gusta llamar *deficiencias*, como, por ejemplo, control del arco, falta de concentración, inseguridad, desconocimiento del fraseo, acentos falsos, afinación, proyección de sonido, entre otras, procedemos a escoger el área específica en la cual si trabajamos podríamos crear un impacto positivo y general sobre los otros valores y así balancear la rueda.

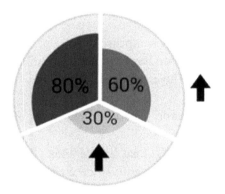

Ejemplos: Interpretación (área escogida).

1. Tempo (deficiencia).
2. Fraseo (deficiencia).
3. Claridad del ritmo (deficiencia).

Paso 6

¿Qué puedo hacer específicamente para aumentar mi nivel de desempeño en el área específica que he seleccionado?

Deficiencia	Estrategia

Elaborar una serie de posibles estrategias que nos permitan abordar y resolver las dificultades.

Ejemplo:

Si el área fuese técnica, y la deficiencia la afinación este sería el procedimiento.

Deficiencia: *Afinación*

Estrategias: *Estudiar por secciones de 5 compases los pasajes que no están afinados, hacer uso del afinador o una nota pedal para comparar y correlacionar la afinación. Relajar la caída de los dedos al momento de afinar cada nota y repetir el pasaje con la técnica p-f, f-p de manera que desarrolle la independencia de las fuerzas en las manos.*

Todas estas estrategias surgen gracias a la experimentación individual, la guía de nuestros maestros y nuestros conocimientos previos. El descubrimiento de una deficiencia y las estrategias para solucionar el problema son aplicables en todas las áreas de estudio, por lo tanto te invito a ser creativo y diseñar tus propias estrategias.

Paso 7

¿Cómo me/te sentiría/s si los valores de mi rueda del desempeño estuviesen cada vez más cerca del 100% o en balance?

Ejemplo: Feliz, realizado, en bienestar, contento, en calma, tranquilo.

Esta pregunta es fundamental en el proceso de aprendizaje y de desarrollo personal y artístico, debido a que fomenta el valor detrás de la meta. Estableciendo una conexión directa con nuestro lado emocional, y motivando al estudiante, y/o a nosotros mismos a continuar.

Paso 8

Una vez culminada la rueda del desempeño, procedemos a incluir en nuestro estudio diario del instrumento, los elementos específicos que fueron determinados gracias a la aplicación de esta técnica.

Quizás al principio sea bastante complejo aplicar y desarrollar de forma fluida toda la técnica, sin embargo, mientras más frecuentemente se practique, más corto será el camino para solventar los problemas que se presenten. Es decir, las deficiencias podrán identificarse con mayor prontitud y, en el mismo sentido, ser corregidas a brevedad durante las prácticas.

Circuito del repertorio: El secreto de tener cada obra al alcance de tu mano

Cuántas veces nos ha sucedido que tenemos la oportunidad de presentarnos en concierto, pero cuando nos hablan sobre el repertorio resulta que se trata de una obra que no hemos tocado en años? ¿Que no la tenemos al día, o simplemente no recordamos? Siempre me preguntaba ¿Cómo era posible que mi maestro pudiese tocar de memoria tanto repertorio? Esta inquietud la tenía desde que me encontraba estudiando el violín en Venezuela. Cada estudiante tenía diferentes obras asignadas y me parecía casi imposible que él pudiese no sólo sabérselas, reconocerlas y tocarlas, sino también enseñarlas.

Es por ello que en esta sección quiero motivarles a ver esta propuesta violinística de estudio como parte un reto personal. Uno en el que debemos tomarnos el tiempo para revisar y releer todas esas obras que hemos tocado a través de los años. Ahora bien, en mi experiencia personal existen dos elementos claves para lograrlo.

1. El aprendizaje correcto y profundo de la obra.
2. La repetición constante, consciente y con propósito.

Durante mi adolescencia veía con alegría que podía recordar segmentos grandes de las obras que ya había aprendido bajo la tutela de mi maestro, sin embargo, casi nunca podía darle continuidad a lo que tocaba sin detenerme. Por esta razón, cuando comencé a recibir oportunidades para dar conciertos solistas y recitales, me pregunté ¿Cómo podría hacerlo, si no tenía el tiempo necesario para estudiar, recordar o traer a mis manos todas esas piezas, obras o conciertos que me pedían?

En ese momento, la sugerencia de mi maestro fue «debes tratar de tocar el repertorio todos los días». Aun así, me preguntaba ¿Cómo voy a hacer eso? Puedo rodar el repertorio, pero ¿Qué sucede si me equivoco? ¿De qué forma puedo hacerlo correctamente? ¿Cómo puedo hacerlo cada vez mejor? ¿Qué me garantiza que al tocar la obra tendré éxito?

Finalmente, tras varios meses de trabajo y experimentación, encontré un sistema de rotación del repertorio basado en las experiencias que había tenido, estudiando y retomando obras pasadas. Este proceso, me permitió desarrollar una metodología de estudio para aquellas obras del pasado, así como romper las barreras de mi memoria y como un disco duro, mantener en una carpeta mental un 80% de todo el repertorio que he tocado en mi vida.

El método de rotación del repertorio consiste en reservar una hora diaria para tocar o interpretar uno o más movimientos de un concierto, sonata, pieza corta o partita que no forme parte de tu repertorio actual, en el contexto de las horas de estudio convencionales.

Es decir, son las obras que has estudiado en el pasado y que forman parte de la paleta violinística, que eventualmente te verás interpretando en el escenario. Asimismo, esta herramienta de estudio le permite al músico desarrollar una memoria masiva del repertorio y tener dichas piezas o conciertos al alcance de sus manos sin requerir de una práctica intensiva o incluso, lo que es aún peor, paralizar los proyectos que llevas a cabo en el momento.

¿Cómo aplicarlo?

Paso 1
Elegir la obra (no más de 6 meses o 1 año de haberla estudiado).

Paso 2
Escoger un movimiento de la obra o sección dependiendo el caso.

Paso 3
Tocar de memoria el movimiento sin detenerse.
Si no puedes llegar hasta el final del concierto porque existe una barrera técnica o un lapsus en la memoria, detente, no continúes tocando, evita tratar de arreglar el error sin haber terminado. Recuerda que si continúas, solo afianzarás el error y estarás memorizando malos hábitos.

Paso 4
Anota en una hoja las observaciones de la ejecución (detalles-dificultades) sin importar si llegaste o no hasta el final, márcalos en tu partitura.

    a.   Memoria – ¿Qué tanto recuerdo? ¿Cuántas veces me detuve y en dónde? ¿Qué es lo que no recuerdo?

b. Notas – ¿Estoy tocando notas falsas, progresiones incorrectas? ¿Me doy cuenta?

c. Afinación – ¿Qué tan estable es la entonación general de lo que estoy tocando?

d. Arcadas – Patrones, mecánicas del arco, articulación

e. Ritmo – Precisión rítmica, tempo, control de la forma metro-espacial

Paso 5

Selecciona los segmentos que poseen déficits de categoría (a.) memoria o continuidad. Haciendo uso de la partitura y de forma consciente, toca lentamente 5 compases, antes conectando el compás raíz (el compás del problema) con los 4 compases siguientes. Recuerda que sólo debes ejecutar ese pequeño segmento. Enfócate en el problema, no toques lo que ya sabes, lo que ya te sale, sé ingenioso, ahorra tiempo.

Paso 6

Repite este proceso con todos los lugares en donde tengas dificultades de tipo a, b, c, d y e. De forma que consolides la memoria, las notas correctas y su afinación, las arcadas y el ritmo.

Paso 7

Deja descansar la obra y al día siguiente realiza el mismo procedimiento.

Con el tiempo verás que tu memoria mejorará, tu capacidad de reacción será más rápida y finalmente la fluidez con la que tocas de principio a fin, ya no se verá afectada por la misma cantidad de detalles de índole técnico o de memoria.

La aplicación de esta técnica debe realizarse fuera de lo que comúnmente llamamos nuestra sesión de estudio. Sin embargo, los elementos técnicos que decidimos estudiar, pueden ser desarrollados durante nuestra sesión de estudio.

Ser creativos es un aspecto muy importante para el éxito de esta técnica de estudio, no existe una verdad absoluta y cada persona tiene formas diferentes de abordar el repertorio. La idea es tomar esta técnica como un punto de partida o referencia, que permita crear tu propio mecanismo y estilo de práctica.

Una mirada hacia el futuro

Vivimos en un mundo cambiante y voraz en el cual tratamos de comunicar con sonidos lo que creemos, sentimos y vivimos a través de la música. Sin embargo, las circunstancias de la vida, las expectativas sociales y el adoctrinamiento establecido por las grandes casas y escuelas de música, muchas veces nos hace cuestionar si lo que hacemos con nuestro instrumento en el mundo de las artes está realmente llenándonos de satisfacción y felicidad.

En esta, la *era de las emociones* y sin duda una *era digital* en donde los conciertos, las oportunidades de formación musical y las experiencias vivenciales recurriendo a la música, son cada vez más impersonales y complejas de adquirir.

Tenemos la responsabilidad de crear espacios de crecimiento, inspiración e innovación, con la finalidad de abrirnos camino en la industria de la música. Jamás nos hubiésemos imaginado hace 80 años a un violinista como el maestro Heifetz posteando en Instagram sobre su almuerzo y los mecanismos de estudio con los que abordaría su sesión de práctica luego de comer o al maestro Menuhin haciendo videos en TikTok con filtros de navidad o creando tutoriales en su canal de YouTube.

Los tiempos son totalmente distintos, y la diversificación en el mundo de la música y el arte también. En mi opinión personal, considero que adaptarnos a los nuevos recursos mediáticos, tecnológicos y/o de avanzada, **no son** una manera **indigna** de hacernos camino en el mundo de las artes. Por el contrario, son un ejemplo de nuestro crecimiento continuo y la integración de lo popular, y lo que se considera tendencia, como una plataforma para nuestra exposición y expansión.

Cada día veremos un mayor uso de las plataformas tecnológicas en la educación musical, en los espacios de formación instrumental como ensayos, lecciones privadas e incluso conciertos orquestales. Mi objetivo es inspirar e impulsar a las nuevas generaciones, en la búsqueda de estas ventanas u oportunidades, que aun cuando no siempre llegan a nuestra puerta existen y solo esperan nuestro interés para así emerger. La tecnología jamás podrá suplir o sustituir la conexión humana y la necesidad por interacción entre nosotros. Es por ello que mantenernos arraigados a nuestros valores y perseverar por aquello que consideramos es correcto, porque no es solo en beneficio propio sino del colectivo, debe ser la base fundamental de nuestro propósito de vida...

Esta sección del libro, surge de la reflexión que como artista me ubica en cuanto creador. Esta condición está más allá de quien mecánicamente interpreta una pieza musical. Es, precisamente, lo que permite situar el sentimiento profundo de los seres humanos. En este sentido, se asume la *aiesthesis* como expresión de vida, según el principio griego, donde la *mímesis* y la *poiesis* posibilitan el paso a la catarsis. Por ello, es necesario estar atentos y asumir que el talento no es algo inexorable, ya que la indisciplina puede destruir una carrera que puede ser exitosa. De la misma manera, no es igual estudiar violín para ejecutar como concertista que para dedicarse a la enseñanza, aunque a los grandes ejecutantes se les denomina Maestros, porque enseñan con la habilidad que realizan las presentaciones y conciertos.

Después se centra en el artista, la audiencia y el fenómeno creador en cuanto una forma de expresión, donde se ubica uno de los propósitos de este libro, al sistematizar aspectos que generalmente se escapan por lo difícil de su manifestación verbal. Es de considerar que la finalidad de la música, se encuentra más allá de la representación mecánica de sonidos, mientras mejor pueda adentrarse en los sentimientos que se expresan en una obra, quien interprete llegará al alma de quien le escuche.

Por ello, es importante avanzar en determinar cuáles son las limitaciones del artista, independientemente de lo hábil y del «talento» que posee, todo ser humano tiene límites que solamente pueden superarse trabajando diariamente, planteándose metas, considerando la técnica y teniendo presente que lo perfecto es un ideal inalcanzable y que puede ser frustrante no aceptar esa realidad. Aunque la perfección, puede ser una guía de acción inalcanzable, puede ser una certera guía de trabajo.

Entonces*, cuanto más trabajo por no ser perfecto, me convierto en un ser más feliz y mejor me formo como mejor ser humano tocando el violín;* expresión del estado emocional de un ser que conjuga lo experiencial con lo sublime del alma. Eso es trascenderse a sí mismo, porque nuestro cuerpo contiene información sensitiva, que es el significado primigenio de la *aiesthesis*, que se comunica a través de diversos síntomas y se canaliza por medio de las energías. Cuando son negativas se denominan enfermedades y cuando están en armonía expresan y reflejan salud.

Éxito en el escenario, constituye una permanente lucha entre la preparación y fortaleza mental, agradeciendo tener la oportunidad de transmitir lo oculto detrás de la música como privilegio, donde cada día de estudio, cada clase y cada concierto, han sido una vivencia única e irrepetible.

El convertirse en Maestro, implica un proceso que se debate entre lo complejo y paradójico, donde se entrelazan aspectos cognitivos, físicos, psicológicos y humanos de cada persona con la cual se trabaja, porque cada persona es única y deben considerarse los grupos etarios, aspectos culturales, idioma y capacidades físicas, así como la personalidad de cada estudiante. A partir de allí, se desarrolla el aprendizaje integrado, partiendo desde tres saberes esenciales: *Ser*, como esencia ontológica, de las condiciones emocionales de la persona. *Saber*, como la parte cognitiva del individuo y el *Hacer*, entiéndase como la actividad práctica, del desarrollo de las competencias, habilidades y destrezas, una vez adquirido el conocimiento. Todo este proceso permite la acertada vinculación del dominio de las emociones en el aprendizaje musical.

«La rueda del desempeño», constituye un instrumento elaborado para determinar técnica y metodológicamente aspectos relacionados con la solvencia técnica (T), la interpretación (I) y la eficiencia (E) de la ejecución a través de un diagrama de estudio efectivo, mediante el cual se puede realizar el inventario personal y, como en todo inventario, se pueden presentar los aspectos excelentes, buenos y deficientes, hasta la concreción de una estrategia que incluye la organización, evaluación y concreción de procesos de orden afectivos que permiten el avance en todos los niveles del ser que toca el violín. Cierra esta sección con el Repertorio, donde se presenta la necesidad de tener cada obra al alcance de la ejecución, con un esfuerzo mínimo, como secreto profesional.

En este apartado, se brindan detalles formativos que han constituido la estructura de enseñanza, los elementos sustanciales del método desarrollado para el aprendizaje del violín, partiendo de la comprensión de una filosofía de y para la vida, donde lo teórico musical se vincula a los principios espirituales, que conllevan un discernimiento ontológico de la existencia humana en concordancia con la naturaleza y el universo.

Referencias

BEAMENT, James.
The Violin Explained: Components, Mechanism, and Sound.
Editorial: Clarendon Press, 1997.

CARRERAS, Oscar.
Apuntes sobre el Arte Violinístico. La Habana, Editorial Letras
Cubanas. 1985.

DOUNIS, Demetrius Constantine.
**The Dounis Collection, The Eleven Books of Studies for the
Violin**. Fischer C. Inc.

DOMINGTON, Robert.
La Música y sus Instrumentos. Impreso en España, Alianza
Editorial. Traducción de Luis Carlos Gago Bádenas, 1982.

GALAMIAN, Iván.
Principles of Violin Playing & Teaching. Prentice-Hall, 1962.
Interpretación y Enseñanza del Violín. Pirámide Ediciones, 1998.

HOPPENOT, Dominique
El Violín Interior. Real Musical, 1999.

MENUHIN, Yehudi et al.
La Música del Hombre. Impreso en Colombia, Fondo Educativo
Interamericano, S.A, 1981.

TOLSTOI, León.
La Sonata de Kreutzer. Impreso en España, Editorial Bruguera
(traducción de la editorial), 1970.

VALLS, Manuel.
Aproximación a la Música. Impreso en España, Biblioteca Salvat, 1979.

VAN DEN HOOGEN, Eckhardt.
El Abc de la Música clásica. Impreso en México, Santillana Ediciones Generales S.A, 2005.

El autor

El violinista Samuel Vargas Teixeira ha recibido un amplio reconocimiento por su poderosa maestría y galardones que incluyen el Primer Premio de la Competencia Sphinx (2021), Yamaha Young Performing Artist (2019), Gran Premio de la Competencia de Conciertos de la Orquesta Sinfónica de Jefferson (2019), Primer Premio en el Concurso Filarmónica de Georgia (2017) y Concertmaster Ambassador de las Naciones Unidas (2014).

Vargas posee el Pin Artistic Merits de «City Key of Prince George» y «Central Bank in Canadá», y ha actuado en giras en 40 países, colaborando con artistas aclamados como Gustavo Dudamel, Simon Rattle, Daniel Barenboim, Claudio Abbado y Christian. Vasquez.

Vargas comenzó su viaje violinista a través del programa El Sistema de Venezuela bajo la tutela de Luis Miguel González. En 2017, Samuel ganó el prestigioso premio Woodruff que le permitió estudiar con su mentor y profesor actual Sergiu Schwartz en la Escuela de Música Schwob en CSU.

Es el fundador y presidente de la Fundación Internacional de Música Samuel Vargas, una organización que enriquece a las comunidades y la sociedad a través del poder de la música clásica, enfatizando un enfoque holístico de la educación musical que apoya a los estudiantes en todas las áreas de estudios y bienestar. A través de su apasionado trabajo y espíritu empresarial, ha fundado 8 orquestas de cámara venezolanas activas y actualmente es mentor de jóvenes músicos en los Estados Unidos y Sudamérica.

Lightning Source UK Ltd.
Milton Keynes UK
UKHW010828080223
416669UK00011B/1388